能聊也能撩，讓你主導關係的男女心理學

為什麼他老是聽不懂？

解決したがる男　共感がほしい女

為什麼她總是在生氣？

內藤誼人——著　姜柏如——譯

各位男士是否曾犯過這樣的毛病：
女人跑來找你商量時，一臉得意的對她說，
「依我看，問題是出在妳身上。」
根本沒有認真回饋建議呢？

各位女士是否曾有這樣的經驗：
參加閨蜜的聚會，然後跟姊妹們互相抱怨：
「我還真蠢，居然找他商量～」
「簡直就是在浪費時間嘛！」

男人希望解決問題，女人渴望尋求共感——

在這份差異的基礎上互相理解，是男女之間能否愉悅溝通的重要關鍵。

本書會帶領各位徹底剖析「男女心理的大不同」！

前言

很多人認為男女之間，無論是在思維、喜好、行動模式方面都存在極大的差異。儘管大家都是人類，身上也存在許多共通點，但男女間某些相異之處，依然教人不禁感嘆「怎麼會差這麼多」。男人經常和哥兒們抱怨「真受不了女人……」（當然是趁女人不在場的時候）。而女人也對男人心生不滿，會跟閨蜜們七嘴八舌的討論「男人就是這樣……」。

本書將以心理學的研究結果為基底，向各位讀者說明「兩性間的差異」。無論妳是對男人的思維和行動感興趣的女性讀者，或是由於不了解女人心理，歷經無數次失敗經驗的男性讀者，都請務必一讀。

無論男女，只要事前了解到兩性間差異，就可以有效預防溝通衝突。例如男人跟女人就算聽到同一個詞彙，也會產生截然不同的聯想。女人聽到「戀愛」這個詞彙，第一時間浮現在腦海中的是「結婚」和「家庭」，然而男人則是「上床」。

由此可知，女人在喊「好想談戀愛」的時候，往往帶有「想結婚」的涵義，但換做男人的情況，則是單純「想找人上床」而已。

除此之外，與人交談的時候，女人偏重於「察言觀色」，男人偏重於「談話內容」。女人很在意對方交談時的表情，談話內容不是重點所在；然而男人重視的卻是談話內容，根本不會在意對方的表情。

如果我們搞不懂諸如此類的「兩性差異」，便會動輒發生像是「你講話為什麼不把臉轉過來！」、「妳都沒在好好聽我講話」一類的溝通衝突。

閱讀本書，可以讓各位讀者釐清異性言行舉止背後的「真心話」，跟異性相處也會更加輕鬆愉快。只要掌握男女心理上存在的差異，就算面對異性難以理解的思維模式或是行動，相信各位也可以一笑置之吧。

在此我想先向大家澄清，**兩性間差異並沒有優劣之分**。用日常的比喻來表達的話，貓狗的行為模式截然不同，也沒有孰優孰劣。雖然本書會針對男女的思維模式和行動進行比較，但不適合做為價值判斷的依據。

希望各位開心閱讀本書到最後。

目次

Chapter1

[溝通篇]

Chapter2

[社交篇]

Chapter3

【戀愛篇】

Chapter4

【思維模式篇】

聲明：

本書以心理學研究結果為基底，雖然會針對男女的差異進行比較，

但不建議視為單一個體的特質，也不適合做為價值判斷的依據。

如何閱讀本書

每篇文章最後都有「這句話很加分！」的小單元，向各位讀者介紹在「戀愛」、「家庭」、「職場」三大領域中，立刻就能派上用場的一句話。

應用領域

戀愛

這句話很加分！

對於♂，**「你有何看法？」**

如果想聽男人的真心話，就開門見山的問吧

對於♀，**「其他人的意見呢？」**

提醒她用客觀的角度看待事物。

打動男人的話

打動女人的話

Chapter 1

溝通篇

各位在和異性談話時，是否經常感到不耐煩呢？

「他完全不談自己的想法！」

「她的話題光繞著親朋好友打轉，這種八卦話題我完全沒興趣。」

本章將帶您探討男女「溝通方式」的差異性。

01

為什麼男人不懂「可愛」的意思？

男女心理學

男人傾向客觀論述
×
女人傾向主觀表達

男人說話較為語帶保留

很多男人與女人聊天時，內心可能會有種難以言喻的彆扭感。與其用彆扭來形容，不如說男人跟女人談話時，往往會覺得很不耐煩，我想女人對男人也有相同感受。會有這種現象在所難免，畢竟**男人和女人的談話思維根本截然不同**。

由於雙方並非基於同一個立足點上談話，所以三不五時就會產生答非所問或是一言不合的情況，使雙方感到焦躁難耐。

男人的談話思維基於客觀事實。然而女人的談話思維，則是以主觀感受為主。所以在男人眼中，女人的談話內容顯得「廢話連篇」；女人則是覺得男人講話「枯燥乏味」。

心理學家雷．卡爾森（Rae Carlson）找來許多男女，請他們用文字介紹一位自己的熟人。[1] 卡爾森分析受訪者的回答後，發現男性的文字敘述明顯偏向客觀，像是「他二十四歲，已婚」、「他當了四年的工程師」。換句話說，男性偏重運用方便他人辨識的特徵來描述熟人。參與本次實驗的四十二位男性當中，約有二十二位男性採用客觀描述。

至於女性受訪者呢？女人的文字敘述多半傾向主觀，偏重於用個人觀感來描述他人，像是「他很體貼」、「他是位與眾不同的人」。本次實驗的四十位女性受訪者當中，採用客觀描述的女性僅有七位，相較於男性過半數的比例，女性的比例差距非常懸殊。

同樣是「可愛」，真正涵義大不同

女人在介紹女性朋友給男人認識之前，往往會發表像是「她非常可愛唷！」等主觀的評論。

由於「可愛」的標準因人而異，就算介紹方宣稱被介紹的對象是美女，也毫無可信度可言。男人真正想知道的是客觀事實，像是身高多高？體重多少？身材如何？至今與多少位男性交往過……等。

只要男女尊重彼此談話思維的差異，**男人懂得多發表自己的感想，女人懂得多基於客觀事實敘述**，雙方的溝通就會暢行無阻。

戀愛 **這句話很加分！**

對於♂，「**你有何看法？**」，如果想聽男人的真心話，就開門見山的問吧。

對於♀，「**其他人的意見呢？**」，提醒她用客觀的角度看待事物。

02 女人講話冗長又沒重點？

男女心理學

男人說話傾向簡單扼要 × 女人說話偏好注重細節

女人講話往往注重細節

女人喜歡聊天。

跟盡可能避免聊天的男人比起來，女人通常不排斥與人聊天。夫妻對話時，往往是老婆單方面喋喋不休好幾個小時，老公在一旁「嗯嗯」點頭稱是的假裝在聽。有時儘管老公內心感到厭煩，卻還是無奈的聽下去。

至於天生喜歡與人溝通的女人，會用何種說話風格來說明事物呢？不難想像她們通常在說明時，容易抓不到重點跟過於冗長，讓人越聽越糊塗，事實情況也是如此。但與其說女人講話沒重點，應該說她們著重在交代細節，導致解釋變得一長串。**與女性相比起來，男性的說明傾向簡明扼要**。

心理學家李奧納多・哈伯（Leonard Haber），請一百一十二位男女大學生寫一篇介紹學校的文章。[2] 他分析那群學生的文章後，發現女學生寫的文章長度明顯比男學生長。

由於女人天生溝通能力強又愛聊天，所以**向他人說明時，便會充分發揮這股能力，講話自然也冗長起來**。

簡單扼要 vs. 鉅細靡遺，各有優點

男人並不是講話枯燥乏味，更精確來說，他們會做最低限度的說明。

舉例來說，有人問路時，男人通常會這麼說：「從車站東口出去後直走，在第三個紅綠燈右轉後的第四棟建築。」

然而相同的路線換成女人來說明時，就會變成：「你從車站東口出去後，會看到有個停了很多輛公車，很像是圓環路口的地方。沿著圓環路口繞一圈後就直直走。那裡有個寫著某某街的路牌。經過兩個小紅綠燈後，在第三個紅綠燈會出現一條很大的十字路口，旁邊有家郵局，這個時候往右轉，從郵局數過去第四棟建築物就是我們公司。」

看在男性眼中，會覺得女性講話繁瑣冗長，而女性則會覺得男人講話簡潔到讓人聽不懂。其實說話風格沒有優劣之分，畢竟青菜蘿蔔各有所好。愛聽詳細說明的人，會對女人的說明感到安心，至於趕時間的人，男人的說明會讓他們由衷感激。

戀愛　這句話很加分！

對於♂，**「請告訴我更多！」**，用開朗的態度鼓勵男人打開話匣子。

對於♀，**「……簡單來說就是這個意思嗎？」**，幫忙歸納重點，展現出樂於傾聽的姿態博得她的好感。

03

男人願意跟你聊隱私，表示你們很有戲？

男女心理學

男人不太主動坦露隱私
×
女人不介意跟人談心事

男人不愛提私事

男人不太會聊到自己的事情。並非是他們愛故作神秘，而是不太會主動跟人袒露真心。他們只有面對相當信任的對象，才會吐露心聲。

無論與男人相識多少年，依然能從他口中聽到令人跌破眼鏡的事蹟：「別看我現在這樣，我國中時曾拿下全國柔道錦標賽的冠軍」。男人除非是遇到旁人主動問起，否則不會主動聊自己的事。

由此可見，**當男人跟你聊起私事，就是對你敞開心扉的證明**。假如男人沒有真心接納對方，就只會說些流於表面的話。

相較之下，女人即使面對認識不深的對象，也能侃侃而談自己的事，像是：「我國小跟國中都是壘球隊的。」、「我偏好高個子的男生。」、「我好喜歡星野源唷。」、「我在考慮這次的長假要不要去泰國玩。」

女人不太排斥跟人談論自己的隱私，她們不像男人那麼排斥聊私事。

心理學家里文巴克三世（W. H. Rivenbark），針對國小四年級到高中三年級的男女學生，調查他們願意分享隱私的程度。[3]

結果顯示，在國小四到六年級以前，男女之間很難看出差異。國小男生會願意談論很多關於自己的事。但是到了高中三年級，男女就產生了極大的分歧。如果女高中生願意分享私事的程度是一百分，男高中生僅有六十五分。近半數的男人隨著年歲漸長，會變得越來越沉默寡言。

女人和閨蜜可以分享所有秘密

女人會跟閨蜜相互分享私密事，甚至會分享到毫無保留的程度。例如朋友的交往狀態、交往對象是怎麼樣的人、家中的隱私、至今為止的人生經歷……等，女人可以跟閨蜜分享所有的祕密。

然而男性間的相處方式卻不一樣。

由於男人不愛提起私人話題，**儘管彼此是摯友，也不見得了解對方很多事**。

日本國民電影《男人真命苦》中飾演車寅次郎的渥美清先生，聽說是位超級公私分明的人，就連與他合作四十幾集《男人真命苦》系列電影的山田洋次導演，直到渥美先生臨終前，都不曉得他家住在哪裡。

男性的相處方式就是無論彼此相識多少年，都不見得會向對方吐露私事。

戀愛

這句話很加分！

對於♂，**「感謝你願意跟我聊這麼多！」**，對男人願意聊天直接表達感謝，有助於增加他下次分享的意願。

對於♀，**「那位朋友，是妳之前提到過的人嗎？」**，記得女生提過的小事，會增添她對你的好感。

04

男人主動追求是因為會錯意？

男女心理學

男人對自我感覺良好
×
女人對自我評價保守

男人是認真覺得自己很受歡迎

「我完全沒有異性緣呢～」

「我的朋友長得比我可愛很多呢～」

像是諸如此類的自卑言論，往往都是出自女性口中。

從男人的角度來看，連魅力十足又很可愛的女孩，給自己打的分數都非常低。女人對於自身魅力的評價，通常低落到令人費解的程度。

相反的，男人則是有自戀傾向，所以往往會給自身魅力很高的自我評價：

「我很受歡迎！」

「世界上根本找不到第二個像我這樣好笑的工程師吧！」

「我想每個女孩都巴不得想跟我約會吧！」

男人很容易產生自我感覺良好的想法。女人幾乎不太會會錯意。

心理學家加斯．弗萊徹（Garth Fletcher）找來五十位男女，請每位參加者和異性逐一交談十分鐘後，再正式展開實驗性約會。弗萊徹在所有參加者結束十分鐘的談話後，便請他們先評估對方「對你感興趣的程度？」、「跟你約會意願有多高？」。[4]

結果顯示，男人普遍會高估異性對自己感興趣的程度以及約會意願。儘管實際上完全不是這麼回事，但男人的判斷卻莫名的自戀。

然而女人恰好相反，她們傾向做出「對方應該對我沒興趣，也不想跟我約會」的判斷。

會錯意，是男人追求的動機

男人往往會高估自己的魅力。

但也正因為男人容易會錯意，才會給他們積極追求女人的勇氣。如果男人跟女人一樣自我評價低落，想必也無法鼓起勇氣去追求女人。

換句話說，**男人很可能是受到潛意識中「積極求愛」的心理機制所影響，才會高估自身的魅力**。因為唯有會錯意，才會促使男人積極求愛。畢竟自認頭腦差的人提不起勁去唸書，自認醜八怪的人也難以鼓起勇氣去談戀愛。所以男人對於自己的魅力跟能力容易會錯意，也不盡然是壞事。

不只如此，男人無論是運動能力還是智商方面，也自認高人一等。

「至少我的運動能力優於其他男人。」

「我的頭腦也在平均值以上吧。」

男人認為自己各方面的表現都在平均值以上，這種心態在心理學上稱作「優於平均效應（the above-average effect）」。

心理學家阿德里安．弗漢姆（Adrian Furnham），在男女大學生接受智商測驗前，先請他們推測自己的智商會落在幾分，再實際進行測驗。[5]

研究顯示，男人傾向高估自己的智商，然而測驗結果卻遠低於自我評估。**女人則是恰好相反，她們的自我評估偏向保守。**

有趣的是，有些男人自認「開車技術很好」，也是「優於平均效應」在作祟。

加拿大約克大學企管系教授麥可．拉斯特曼（Michele Lustman）針對有駕照的男女大學生進行調查後，發現回答「我的開車技術有八十分以上」的男人多達七十三％。亦即每四人當中，就有三人對於自己的開車技術極度有自信。至於女人僅有四十九％。[6]女人進行自我評估時，往往會比男人實際許多。

男人容易覺得自己高人一等

男性在評估自身技術和能力時，都會給自己打超高的分數，應該說他們是異常樂觀，還是無法認清現實呢？

也許是男人渴望被人刮目相看，才會做出比女人自戀很多的自我判斷。

這種行為彰顯了男人想要相信自己始終高人一等的心態。

男人之所以無法用謙虛的眼光看待自己，可能是給自己打的分數太低，等於承認自己只是泛泛之輩，自尊心會受到傷害的緣故。儘管如此，還是奉勸各位男性謙虛點比較好。

相反的，女人又太低估自身的能力，所以在做判斷時，可以對自己多一點信心。女人在評估自己的學習力、工作技術和工作能力時，往往會給自己「毫無過人之處」的極低評價，其實可以對自己更有自信些。

戀愛

這句話很加分！

對於♂，**「謝謝你約我出來！」**，開心的對他表達感謝，對男性來說就是最好的肯定。

對於♀，**「我覺得這樣的妳很有魅力喔。」**，委婉的稱讚欠缺自信的女性吧。

05

女人其實不愛聊名人八卦？

男女心理學

男人關注政商名流
×
女人關心熟人近況

男女都愛八卦，但對象不同

女人對於「人」的關心程度高於男人。所以女人經常會以別人的八卦做為談話的話題。男人愛聊的話題除了工作以外，還有興趣、經濟、政治、天氣、健康等，但女人卻對這類的話題毫無興趣。

社會學家傑克．萊文（Jack Levin），曾經進行為期八週的觀察研究，每天上午十一點到下午兩點去學校自助餐廳偷聽學生們聊天。[7]他整合分析後發現，聊八卦的女人佔七成一，男性部分也高達六成四，然而男女聊的八卦內容卻是南轅北轍。

女人的八卦對象都是像朋友、戀人等，與自己生活息息相關的人物。熟識對象在女性話題中佔的比重為五成六，可是在男性的話題中僅佔二成五，連一半都不到。

男人雖然也會聊八卦，但話題往往圍繞著運動選手、明星等名人打轉。男人的聊天話題中，約有四十六％是在聊名人（女人為十六％）。

女性的聊天特徵是多以「我的朋友……」這種以親朋好友為話題的閒聊內容，男性的聊天特徵則多以「關於那位政治家啊……」這種談論名人的八卦傳言為閒聊內容。

當另一半受到稱讚，女人也會感到被肯定

對女人來說，與其聊藝人、運動選手還是電視明星，身旁的親朋好友近況更讓她們感興趣。究其心理，或許她們覺得沒必要在意跟自己不同世界的人吧。相反地，男人不太會拿身旁的親朋好友做為閒聊的話題。男人會怕閒聊的內容傳出去，被懷疑在

背後講人壞話。所以為了保險起見，他們的聊天話題只會繞著無傷大雅的名人打轉。

雖然男女難免都愛聊八卦，但肯定沒人會喜歡淪為別人茶餘飯後的話題，所以奉勸大家還是別道人是非長短。尤其偏愛以熟人的八卦做為聊天素材的人，這點需要多加留意。

此外，當各位讀者聽到別人稱讚自己的情人或是另一半的時候，內心有什麼樣的感受呢？奇妙的是，許多男性讀者會覺得「開心不起來」，女性讀者則是「開心得像是自己被稱讚一樣」。

絕大多數的男性即使聽到像是「你的老婆真是優秀」、「你女朋友很有魅力」的稱讚，往往較難由衷高興。男人無法欣然接受自己的另一半受到稱讚，或許是因為這樣會讓他們覺得自己很沒用的緣故。

男性聽到女朋友（或是另一半）受到稱讚，反而會感到難以釋懷。

女人對於自己的男朋友或是老公被稱讚，反而會感到與有榮焉。由於女人認為自己跟伴侶是一體同心的關係，**所以聽到另一半被人稱讚，就像自己被稱讚一般，由衷感到開心。**

男性更希望自己受到稱讚

美國佛羅里達大學心理系教授凱特・拉特利夫（Kate Ratliff），針對三十二對情侶分別進行名為「社會智能測驗」的假測驗，並在事後對每位實驗者謊稱「你的伴侶考得很好，成績落在整體的前十二%」。[8]結果顯示，對此感覺喜悅的女性人數，是男性的兩倍以上。

女人聽到有人稱讚男友優秀，也會連帶感到高興。

於是拉特利夫博士又重新做了這個實驗，只不過這次謊稱「你的伴侶考得很差，成績落在整體的後十二%」。然而這次卻換成男人感到開心，研究結果相當耐人尋味，**也許是男人的競爭性格使然，他們聽到另一半成績不佳才會感到喜悅**。由此可見，面對自己的伴侶受到稱讚時，男女的反應簡直是完全相反。

總結來說，另一半被貶低會讓男人感到高興，另一半被誇讚會讓女人感到開心。

補充一點，當伴侶的薪水高過自己時，男人同樣會感到不爽。

美國聖路易斯華盛頓大學商學院教授拉馬爾・彼爾斯（Lamar Pierce），分析丹麥四百萬名實驗者的資料後，發現妻子的收入高於丈夫，容易導致丈夫性無能。[9]

單就現實層面來看，妻子賺得多，會減輕家庭重擔許多，應該是件值得開心的事，然而多數男性卻不樂見這種情況，想必是渴望勝過他人的天性使然吧。

家庭

這句話很加分！

對於♂，**「你有看今天早上的新聞嗎？」**，太太可以積極拋出老公感興趣的公眾話題。

對於♀，**「鄰居○○先生今天早上說……」**，以此開啟與太太閒話家常的契機。

06

為什麼他回訊息的速度這麼慢？

男女心理學

男人回訊會想很多 × 女人思考速度快

女高中生打字速度超快

舉凡與運動有關的反應速度和靈活度，男人的表現通常優於女人。由於男人天性較為好動，所以不難想像他們行動敏捷。但是在寫字速度方面，實際上卻是女人快於男人。

就算是行動多麼敏捷的男性，在寫字速度方面還是贏不過女人。

心理學家瑪莎・科恩（Marsha Cohen）在《知覺和運動技能》（*Perceptual and Motor Skills*）期刊上發表了一篇論文。[10] 她請七十五位男女高中生各自花三分鐘寫文章，再分析文字數。結果男人平均寫了九十二・七個字，女人則是一〇七個字。

由此可見，女人寫字的速度比男人快。

行動敏捷的男人，為什麼在寫字方面會輸給女人呢？至今依然是個未解之謎。女人就連傳訊息的打字速度，也是壓倒性的勝過男人。女高中生傳簡訊的速度更是異常得快。在男人一面閱讀訊息，一面打出一兩行文字的期間，女人們已經來回互傳了好幾條訊息的情況，其實並不罕見。

男人傳訊息時，會考慮良久

有人認為男人發訊息時傾向再三斟酌，才會延誤了打字的速度。男人之所以寫字和傳訊速度都慢，很可能是因為他們傾向左思右想所導致的結果。

女人喜歡直接打出自己想說的事，不會過度擔心用字遣詞，所以她們打字的速度才會飛快。或者說，女人天生擅長寫文章，所以這項天賦也如實的反映在寫字速度上。

即便是現代，女性作家也是人才輩出，像是《源氏物語》和《枕草子》等日本經典名作，皆是出於女性之手。看到這裡，也多少能理解女人寫字速度快過男人的原因了。

家庭 **這句話很加分！**

對於♂，「**如果你不忙，請回個話。**」，妻子平常就這樣叮嚀丈夫，養成習慣後，就能免除不必要的焦躁。

對於♀，「**謝謝妳快速回應我。**」，用這種提問方式，如果她的回覆有幫助到你，直率地稱讚她的認真吧。

07

女人的笑容是種社交禮儀？

男女心理學

「男人覺得有趣才會笑
×
女人常會禮貌性微笑」

女人的親切度是男人的兩倍

根據研究，女人看起來比男人親切的原因，在於她們露出笑容的頻率是男性的兩倍。如果醫生、律師、學校老師等提供諮詢服務的專業人員是女性，前去諮詢的人多少會感到如釋重負。那是因為女性比起男性，更能笑容滿面親切待人的緣故。

心理學家詹姆斯・亨伊庫特（James Honeycutt），將同性兩兩配對成一組，然後讓每組自由聊天五分鐘，希望藉此分析男女的談話風格。[11] 亨伊庫特錄下每個小組聊天的情景，事後進行分析後，**發現女人露出笑容的頻率遠高於男人**。

綜觀男女維持笑容的時間，男人在五分鐘內的笑容持續時間為五八．九五秒，然而女人卻是一〇六．一九秒，足足是男性的兩倍。而且男人只有真心感到有趣的時候才會笑。但是女人就算覺得不有趣，也會展露禮貌性笑容。

由於男人和女人的微笑頻率差了兩倍之多，所以女人才會給人和藹親切的印象。

用「笑容」贏得成功的必勝術

「始終笑臉迎人」是邁向豐富人生、在職場上獲得成功的必要條件。所以**建議男人向女人看齊，無時無刻都記得露出比平常多兩倍的笑容**。

男人不僅笑容頻率少於女人，儘管暫時露出笑容，也很快就會恢復原本的表情，所以容易產生距離感。除了警察、外交官或是軍人等，必須板起臉來保持威嚴和優秀形象的職業以外，笑容是成功的不二法門。

我想男人建立社交圈的能力會不如女人，正是因為臉上的表情容易讓人有距離感的緣故。想拓展人脈的男人，請將常保微笑對待他人這一點謹記在心。

職場

這句話很加分！

對於♂，**「多笑一點絕不會吃虧。」**，給天生容易臭臉的男人一些建議吧。

對於♀，**「妳不用勉強自己一直保持笑容啦～」**，貼心地對陪笑得很累的女人伸出援手吧。

08

男人女人誰更「情緒化」？

男女心理學

女人不善表達憤怒 × 男人不善表達喜悅

將心情寫在臉上的女人

人的臉部表情會透露喜怒哀樂的情緒。我們可藉由臉上的表情獲悉對方的情緒，像是「啊，那個人看起來春風滿面」、「那個人好像很悲傷」。

喜怒哀樂全寫在臉上的人，較容易搏得他人的好感，感覺也比較容易相處。面無表情容易給人一種「不曉得他想些什麼」的恐懼感，以及難以親近的印象。因此懂得善用臉部表情表達情緒的人，其實比較吃香。

談起用表情傳達情緒方面，女人可說是箇中好手。

德國基森大學博士瓦爾納・佛貝特（Werner Wallbott），找來男女各二十位實驗者，分別用相機拍下他們做出的表情，然後請他們解讀出照片中想表達的情緒。[12]

結果很顯然的，女性做出的表情比男人容易解讀許多。女性在表達開心和喜悅的情緒時，臉部表情會比男性誇張，因此容易被他人一眼看穿。然而男人表達喜悅的表情卻很微妙，由於他們幾乎是面無表情，所以看不出來喜怒哀樂。

男人善於利用不悅表情談判

在沃伯特的實驗中，男人唯一善於表達的情緒是「憤怒」。當他們接到「表現生氣」的指令後，就輕易做出了傳神的憤怒表情。

雖然女人擅長用表情傳達情緒，**但不知為何，她們唯獨不善表達「憤怒」**。舉例來說，在遇到討厭的男生死纏爛打的追求時，女人儘管想跟對方翻臉，卻也不會怒容滿面，導致男人會錯意，展開更猛烈的求愛攻勢。

儘管男人不擅長露出笑容，但遇到談生意等情況時，**他們就能發揮「刻意露出不悅表情，誘使對方讓步」的高超談判技巧**。

女人之所以常被稱讚「親切和善」，正是因為表情豐富的緣故。男人不太會將心思寫在臉上，所以會給人「冷淡疏離」的印象。

只要男女都懂得刻意顯露出大大的笑容，想必都會成為他人眼中親切和善的人。這樣一來，無論是人際關係或戀愛方面也會順遂不少。

此外，女人也傾向直接表達自身感受。由於女人情緒表現豐富，所以才會出現像是被罵就會立刻生悶氣、收到禮物就開心得有如飛上天等反應。

反觀男人，則是會對於表達情緒感到遲疑。男人就算收到「恭喜你升官！」等喜訊，也只會簡單回應。他們就算遇到難過的事，也不太允許自己掉一滴眼淚。

雖然男人經常面無表情，活像是戴了一張面具，但不代表他們像機器一樣麻木不仁。男人也有豐沛的情感，只是不像女人那麼善於表達而已。

如何給人平易近人的印象？

美國南加州大學教授溫蒂・伍德（Wendy Wood）找來數十位男女，請他們以十五分為滿分，針對自己在愛情、喜悅、悲傷、恐懼等情感表達的多寡程度評分，得出以下結果：男人的平均分為七・九三，女人則為九・三四。於是伍德曼請受訪者們再次針對上述情感表達的強弱程度評分，這次得到的結果是：男人的平均分為七・八七，女人則為八・九三。[13]

以上結果顯示，女人比男人經常表達自己的情緒，同時情感表現也很明顯。

比起男人，女人會將心思都寫在臉上，所以會讓人覺得很好相處。因為很容易被人識破情緒，像是「啊，她好像很開心」、「她似乎覺得很無聊」。由於心思容易被看穿的人比較好相處，也因此很平易近人。

另一方面，完全讓人搞不清楚在想什麼的人，感覺會很難親近。建議自認不善表達情緒的男性讀者，最好刻意在別人面前顯露自己的情緒，就能給人平易近人的印象。

就性別而論，**男人比女人更不善於表達情緒，才會容易感覺難相處**；就年齡而論，孩童的情緒表達很明顯，所以很好相處，但隨著年齡漸長，男孩會越來越傾向不表露情感，導致越來越以接近。

職場 **這句話很加分！**

對於♂，**「真是太好了！」**，遇到好事發生時，鼓勵他一起表達出開心吧。

對於♀，**「我們一起解決，別自己承擔！」**，向不擅長處理憤怒情緒的女人伸出援手。

09

為什麼婚前輕聲細語，婚後大呼小叫？

男女心理學

男人在公眾表現自我 × 女人在私下表現自我

「女人缺乏自我意識」是莫大的謊言

各位讀者認為自我意識強烈的是男性還是女性呢？想必多數人都會認為是男人。基本上女性會給人溫柔順從的印象，相較之下，男性顯得較具有攻擊性。

然而實際上真是這樣嗎？女人同樣也有主觀意識。「女人會壓抑自我意識」是錯誤的說法。

無論男女都有主觀意識，差別在於公開表達「場合」不同而已。

根據心理學家大衛．馬西森（David Mathison）的調查，女人傾向在「私人場合」抒發己見，男人偏好在「公眾場合」高談闊論。[14] 例如參加公司大型會議時，女人不太會發表自己的想法和意見，傾向擔任傾聽者的角色。女人在公眾場合往往會表現得安靜溫順。反觀男人到了公眾場合，就會莫名的生龍活虎起來，甚至帶頭發表自己的意見。

然而場景轉換到「私人場合」時，男女的立場就會顛倒過來，女人在私人場合反而較為活躍。

為什麼交往前後會差很大？

女人在跟親密好友聊天時，就會大肆表達自我意識，也會對家人跟另一半暢所欲言。她們在私人場合，就會將「安靜聽話」四個字拋到九霄雲外。

不少男人在學校或是職場中，都曾有過這樣的經驗：態度原本溫柔和順的女人，交往後才發現：「咦？沒想到她那麼有主見！」

各位男性讀者只要明白，女人在公眾場合和私底下的性格會截然不同，面對女人的性格切換一事，就不必大驚小怪了。

女人婚後往往會更加強勢，懼內的丈夫也不在少數。或許是因為女人在私人領域中，比男人更勇於提出自我意見的緣故。

無論是「女人缺乏主觀意識」還是「男人主觀意識強烈」，都是非常錯誤的觀念，兩者只是在於公開表達的場合不同罷了。

職場 **這句話很加分！**

對於♂，**「（開會時）你有什麼想法呢？」**，在會議上主動詢問他的看法，有很多男人看似安靜，一旦話匣子打開就會滔滔不絕。

對於♀，**「（開會後）妳有什麼想法呢？」**，在非正式的氣氛下，會比較容易打聽出她的真心話喔。

10

女人為什麼常常在抱怨？

男女心理學

男人習慣用菸酒紓壓 × 女人習慣用抱怨紓壓

心思細膩的女人，容易累積壓力

女人每天都在承受諸多壓力。男人當然也有壓力，但幸運的是他們天生遲鈍，不太會感受到壓力，相對來說抗壓性也高。

很多職業婦女不僅要應付工作，還得顧慮職場人際關係，回家後還得負擔比丈夫更多的家務以及育兒工作。**由於女人心思細膩，所以比男人更容易累積憂鬱。**於是愛發牢騷、抱怨連連就成為女人身上普遍的現象。

根據荷蘭鹿特丹伊拉斯謨大學的法律心理學教授埃里克・拉辛（Eric Rassin）調查，女人每天講人壞話跟罵人的頻率為三・一九次。[15]

人們普遍認為男人容易口出惡言，然而事實卻恰好相反。

根據拉辛的研究，女人喜歡以抱怨宣洩負面情緒。也許她們希望別人能傾聽自己的煩惱，才會變得愛發牢騷。一群女人聚在一起聊天時，聊得最熱絡的話題之一，多半是關於某個人的壞話。或許是女性心思細膩，容易累積壓力的緣故吧。

許多男人聽到妻子劈頭說「今天鄰居太太啊……」，便會對接踵而來的牢騷心生厭煩，於是匆匆扔下一句「等我洗完澡之後再聊吧」，然後逃之夭夭。**但女人抱怨是因為渴望有人能傾聽自己的話，藉此釋放壓力**。所以男人願意聽女人發點牢騷，也算是種體恤她們的行為。

女人喜歡吃甜食排解壓力

順帶一提，男人壓力大的時候，比起透過聊天紓壓，他們更愛抽煙喝酒。男人在氣憤不平的時候，偏愛以菸酒排遣內心的壓力。

雖然抽煙喝酒是獨自一人也能採用的宣洩手段，但這種紓壓方式會危害健康。相較之下，用發牢騷來宣洩壓力還比較有益身心健康。

我想無論男女，如果壓力大時身旁有個能夠傾訴的對象，心頭也會踏實許多。所以大家平常不妨多與朋友保持聯繫，遇到不順心的事情，就讓朋友來安慰你們吧。

英國里茲大學的研究員費歐娜‧瓊斯（Fiona Jones），請四百二十二位擔任公務員、社工以及各行各業的男女（平均年齡為四十歲）寫四週的日記，調查大家心情煩躁時，傾向採用何種紓壓方式。[16]

他分析後得到了有趣的結論：女人遇到不順心的事，會透過「吃甜食」讓心情變好。女人處在焦躁或是憤怒的時候，會特別想吃蛋糕、巧克力和甜甜圈等甜點。

「啊～受不了，工作的這麼辛苦，就吃三塊蛋糕吧！」

「因為被上司責罵覺得超生氣，來點甜點好了。」

女人心情不好時，會先設法攝取糖份讓心情好轉。

男人選擇借酒澆愁

至於男人會透過何種方式來消除焦躁呢？

根據瓊斯的調查，男人會抽更多支煙，或是喝更多酒來消除壓力。

男人消壓解愁的方法是「今天心情超差，去喝悶酒吧！」男人在歷經糟糕的一天後，飲酒量會是女人的兩倍。

無論是依賴糖份還是酒精來排解壓力，都不能算是良好的紓壓做法。攝取太多糖分容易造成肥胖，飲酒過量也有害健康。總而言之，無論男女都有可能會採取損害健康的紓壓方式。

其實最有效的紓壓方式是從事輕度運動。建議各位讀者由於工作等因素而煩躁時，可以試著從下班返家的途中慢跑兩公里，或是在附近散個步，這樣既可以消除壓力，也有益身心健康。

戀愛

這句話很加分！

對於♂，「**別太勉強自己喔～**」，男人喜歡逞強，所以適時關懷他的身體吧。

對於♀，「**我可以聽妳抱怨喔。**」，女人很容易累積壓力。只要肯聽她抱怨，她對你的印象就會加分。

11

為什麼女人容易有小圈圈？

男女心理學

男人容易固執己見
×
女人容易改變心意

男人不太理會旁人意見

開會時，有些人始終都很堅持自己的提案和企劃，而且絕不妥協。顯而易見，會如此堅持己見的多半是男性（特別是年長者或是地位高的人）。

「我的意見不會錯！」

「○○肯定是對的，我無法認同其他意見。」

通常像這樣冥頑不靈的人，以男性居多。**男人一旦做了決定，內心就不會動搖。**所以他們打從一開始，就沒有打算聽旁人的意見。

另一方面，該說是女人的個性較為溫和，還是比較合群呢？由於女性的從眾性強，遇到別人提出不同見解時，內心就會開始動搖。

「啊，這樣的意見也很好呢～」

「我覺得這個主意不錯呢。」

通常會像這樣連聲附合的人，以女人居多。

心理學家哈羅德・傑拉德（Harold Gerard）曾研究男女何者較容易妥協於團體意見。[17]他替實驗者編組（實驗者以外的組員都是樁腳），並讓其他組員異口同聲的主張某個明顯錯誤的選項才是對的，藉此調查實驗者的妥協程度。

傑拉德要求實驗者做十二次的意見判斷，結果發現女人的妥協次數為四・一六次，男人則是三・二五次。雖然男人在團隊成員提出一致性共識時，態度也會趨於軟化妥協，但妥協程度依然小於女人。

女人不僅會聽取他人的意見，同時也會重視團隊和諧性，亦即以和為貴。所以她們就像是變色龍，可以輕易去配合團隊做的決議。

可是男人就不同了。

對男人來說，向他人意見妥協等於在承認自己輸了，導致自尊心嚴重受到傷害。因此為了捍衛自己的名譽跟自尊心，他們很難改變自己的意見。特別是年長、地位高的男人，對於比自己年輕或地位低的人提出的意見更是不為所動，也許是基於「妥協就代表自己輸了」的心態吧。該說是男人心胸狹窄還是器量小呢？總之他們強烈不希望被他人左右。

女人本來就沒有男人那種無謂的自尊心。即使附和他人，自尊心也不會受到傷害，所以她們可以毫不猶豫地改變心意。

女人不善拒絕

基本上，女人不愛破壞和諧的氣氛，所以儘管違背自己的心意，也會礙於情勢不得不妥協。

舉例來說，某小姐原本想在公司餐廳內吃午餐，卻遇到同事提議「天氣這麼好，大家去外面吃飯吧」，眼看其他人紛紛附和，最終她只能跟大家一起出去。女人之所以會違反自己的意願，是因為討厭破壞團體的和諧氣氛。

女人具備「與其破壞團體和諧，不如讓步妥協」的特質。

心理學家諾曼・安德勒（Norman S. Endler）將一群實驗者分成五人小組，再給各組十六道題目，請他們自由討論後，再各自寫下正解。例如他會先秀幾張圖給各組看，然後請每個人針對「哪個圖形的面積最大？」進行小組討論，再各自寫下自認正確的答案。然而，受測者不知道的是，五人小組中有四位組員是樁腳。樁腳們故意將錯誤的答案一致說成是正確答案。[18]

就算題目中包含「美國首都的所在地是？」這類常識問題，正確答案顯然是「華盛頓」，但樁腳們會刻意說成「應該是紐約吧。」

迎合他人容易囤積壓力

那麼實驗者們的妥協程度又有多高呢？

在十六道題目中，女性實驗者妥協了十三題。女性儘管在多數情況下認為：「總

覺得不太對……」，卻依然會在其他組員的強烈堅持下妥協。雖然男性實驗者也有向眾人妥協的傾向，但平均是九．五題。男人也很難招架四位組員異口同聲的意見，可是他們受影響的程度依然小於女人。

女人很重視人與人之間的和諧相處。為此她們被迫口是心非，或是採取違背心意的行動。由此可見，女人比男人更容易感受到人際關係方面壓力，她們總是在顧慮這、顧慮那，活得很辛苦。

職場

這句話很加分！

對於♂，**「這個意見不錯！也可以試試另一個方式……」**，立刻反駁男人的意見是大忌。先誇他兩句後，再給予建議吧。

對於♀，**「○○小姐有什麼想法呢？」**，當女人太過顧慮周圍的目光時，不妨直接詢問她的意見。

Chapter 2

社交篇

各位是否曾偷偷抱怨過異性的某些舉動呢？

「他怎麼不貼心點，順便買飲料過來！」

「她為什麼一定要人陪吃飯！」

本章將向各位說明男女「社交方式」的差異性。

12

為什麼到哪都要黏在一起？

男女心理學

男人的人際距離較大 × 女人的人際距離較小

男人通常不喜歡與人太靠近

男女之間就連感到舒適的人際距離都不一樣。

女人能接受的人際距離比男人近。所以她們在跟戀人相處時，喜歡小鳥依人的依偎著男友。然而**男人的人際距離比女人遠**。所以當女友靠過來時，有時會讓他們渾身不自在，甚至想要拉開距離。

女人拉近距離的目的，是她們渴望互相陪伴的緣故；男人拉開距離的目的，是他們覺得這樣相處比較輕鬆自在。

綜觀街上成群結伴的女性，幾乎都是緊密走在一起。有些女孩甚至會手牽著手一起走。女人非但不在意跟閨蜜零距離互動，甚至感到樂在其中。這種相處模式極少存在於男人之間。距離太過緊密的男人，很容易被旁人視為伴侶。男人與人結伴同行時，通常喜歡保持四十到五十公分的距離。

美國丹佛大學的研究員凱蘿・瓜爾多（Carol Guardo），曾針對人際距離做相關調查，發現女性不管是對於「朋友」還是「閨蜜」，都偏愛近距離接觸。[19]

然而，**女性對於「陌生人」和「憤怒者」的人際距離，甚至比男人還遙遠很多。**但除了對這兩種人敬而遠之外，她們還是偏愛跟人近距離互動。

越是開朗的人，人際距離越短

無論是朋友、戀人還是家人湊近自己，都會讓男人感到渾身不自在。雖然小男孩會想黏著母親，但到了一定歲數後，就會自然而然想保持距離。升上國中的多數青少年，也會想要閃避母親的擁抱。

儘管有些女孩到了青春期，也會想閃避父親，卻不介意母親的近距離接觸，也許是跟同性相處比較舒適的緣故。

建議各位讀者就算想跟男友待在兩人世界，還是別整天黏緊緊放閃。因為討厭這種行徑的男人，其實出乎意外的多。畢竟讓男人感到舒適的人際距離，比女人所能接受的還要遙遠。

不過男人當中，也有些人喜歡跟人近距離接觸。這種男人的性格往往比較活潑外向。即使跟他們近距離接觸，也不用擔心他們會心生反感。相反的，面對性格內向、膽小、焦慮的男人，刻意拉開相處的距離，反而會讓他們感到安心，請將這點謹記在心。

戀愛

這句話很加分！

對於♂，**「這樣的距離會太近嗎？」**，在縮短距離前先告知他一聲，可以在對方心中留下好印象。

對於♀，**「妳可以再靠近一點。」**，感覺自己讓人很難靠近時，不妨直接告訴她。

13

女人為什麼特別喜歡約吃飯？

男女心理學

男人用餐是為了填飽肚子 × 女人用餐是為了聯絡感情

女人害怕獨自吃飯

各位讀者聽過「飯友症候群」（Lunchmate Syndrome）❶嗎？這是一種因為沒有同伴一起吃午餐，引發恐懼不安的心理症狀。令人費解的是，飯友症候群的煩惱者以女性居多。

男人通常比較不排斥獨自吃飯，甚至還覺得獨自吃飯比較輕鬆。只要觀察日本街頭的立食麵店，就不難發現店內擠滿了獨自用餐的男客人。

然而，女人卻並非如此。女人不想淪為只能獨自用餐的孤獨女子。由於在職場上找不到人陪吃飯，最後煩惱到離職的女性也不在少數。

從男人的角度來看，也許會認為：咦？居然為了這麼無聊的理由離職?!可是對女人來說，這個理由一點都不無聊，說是攸關生死程度的重大問題也不為過。

男女對於用餐的定義也大不相同。

對於男人而言，用餐的目的是「攝取營養」跟「充飢」，甚至不少男人認為只要能填飽肚子就好。**可是女人卻認為用餐的目的是「加深與他人情誼的行為」**。用餐時的聊天，有助於穩定精神層面以及加深情誼。因此女人較不願意獨自用餐，也是在所難免。

---

❶ 由日本的精神病學醫生町澤靜夫命名的一種非正式心理症狀，當事者會認為「只能單獨吃飯的人，是沒有朋友、沒有價值之人」。因為這種想法引發了恐懼和不安，甚至因為害怕被拒絕，而無法邀請別人一起去吃飯，進而延伸出躲在廁所用餐，或索性辭去工作、不去學校等行為。

用餐時間越晚，越怕孤單

美國西伊利諾大學的研究員珍・史密斯（Jean Smith）在大學的咖啡廳觀察三千位學生，調查他們是獨自一人喝咖啡，還是成群結隊的前往。[20]

研究結果顯示，約有七十一・三%的女大學生絕對會結伴用餐，男大學生則有六十三・二%，也間接證實了女性結伴用餐的比例高於男性。

如果按時段區分，早餐時段會結伴用餐比例為五〇・五%，中餐為五七・九%，晚餐則是七九・七%。

雖然很多人認為「獨自吃早餐無所謂」，**可是到了午餐跟晚餐時段，就會開始渴望有人陪伴自己用餐**。無論男女都是如此，但就比例來說，女人還是高於男人。

男人就算一個人吃飯也不會感到寂寞。享用一頓佳餚就足以讓男人感到心滿意足。可是女人就算獨自享用山珍海味，恐怕也是食之無味。比起吃飽，她們更重視用餐有人陪伴，至於吃什麼根本就無所謂。

戀愛

這句話很加分！

對於♂，**「帶你去吃好吃的拉麵！」**，明確告訴他自己想吃什麼吧。

對於♀，**「大家一起去吃如何？」**，對女人來說，重點是大家一起，其他都是次要。

14

比起開車兜風，女人更喜歡咖啡廳約會？

男女心理學

男人討厭相對而坐×女人討厭比鄰而坐

座位的選擇會影響好感度

男女在座位偏好上有所差異。

坐在正對面的陌生人會帶給男人壓力，坐在自己隔壁的陌生人則是讓女人心生反感。例如坐在電車座位上時，男性會比較不喜歡有陌生人站在自己面前的情況，女性則是對於坐在自己隔壁的陌生人容易感到緊張。

朝自己迎面走來的人，會讓男人覺得很有壓力，甚至感到嫌惡。女人則是對於坐在自己隔壁的人有相同的感受。

美國普渡大學的研究員杰佛利・費雪（Jeffrey Fisher）於大學圖書館進行的實驗，間接驗證了這個現象。他安排實驗人員去尋找獨自唸書的學生，然後刻意選擇坐在該名學生對面或是旁邊的座位。[21]

結果顯示，男人非常排斥坐在正對面的陌生人。他們很討厭對方近在眼前的情況。相反地，如果陌生人選擇坐在自己隔壁，男人就會感到如釋重負。雖然隔壁座位比較靠近自己，但只要「對方不在自己視野範圍內」、「不用跟對方眼神交會」，他們就不會介意。

開車兜風的時間越短越好

如果有人坐在女性的隔壁，她們會感到坐立難安。坐在她們的對面反而才是正確的選擇。然而談戀愛的時候，男人卻經常約女人去兜風。

對男人來說，安排女人坐在副駕駛座，就能避免面對面的尷尬情況，感覺也很輕鬆自在。男人不喜歡彼此面對面坐著，然後四目相對的狀況。對方直視的眼神會帶給男人壓力，所以他們會儘量與對方並肩而坐。由此可見，開車兜風是非常理想的約會模式。

可是女人卻是恰好相反。**她們寧願去可以跟男人面對面坐著聊天的場所，像是咖啡廳。**

從走路的方式也看得出來，如果男人恰好遇到陌生男性迎面走來，雙方都會倍感壓力。由於他們想避免視線交會，所以會選擇低頭擦身而過。

女人雖然沒那麼排斥迎面走來的人，但遇到跟自己走路速度相同的陌生人，彼此必須並肩走路的情況，同樣也會感到心煩意亂。所以女人遇到這種情況，通常會選擇加快或是放慢步伐。

戀愛

這句話很加分！

對於♂，**「我可以坐在你隔壁嗎？」**，儘量坐在他隔壁的位子吧。

對於♀，**「面對面坐著，讓我有點不好意思。」**，配合女性的喜好，坐在她的對面吧。

15

為什麼男人聊沒兩句就想約見面？

男女心理學

男人喜歡與人當面溝通
×
女人能靠訊息維持感情

女人比較喜歡傳訊息

女人渴望與他人建立關聯，因此她們傳訊次數也比男人頻繁。

男人想與人頻繁交流的欲望較低，對他們來說，密集傳訊是件很麻煩的事。

有些女人甚至會規定男友「每天要傳一百封訊息！」，但我想天底下男人很少有「今天沒傳一百封訊息，我會寂寞到死！」的想法。

美國卡內基美隆大學的研究員邦卡・博內瓦（Bonka Boneva），花了四年研究人們的傳訊頻率後，**證實女人比男人更常用訊息與朋友交流**。[22]

密集傳訊的男性只佔三十二％，女性則高達七十二％。不只如此，女人對於傳訊往來的滿意度高於男人。但是男人卻無法滿足於線上交流的往來模式。對他們來說，光靠文字往來是不夠的。可是對女性來說，訊息的交流帶來的滿足感等同於見面交流。

男女雙方在這方面的認知產生分歧，相當耐人尋味。

為什麼男人的回訊感覺比女人冷淡？因為他們原本就不喜歡用傳訊息做為溝通的手段。他們的想法是**與其傳訊息，不如直接當面講**。根據博內瓦的研究顯示，男性在傳訊交流方面獲得的滿足感低於女人。也許是他們對於傳訊溝通比較無感，所以傳訊頻率相對也不高。

雖然男人工作時也會因為方便，利用訊息來溝通。但他們私底下傳給朋友和戀人的訊息，沒有女人這麼多。拿身為男性的我來說，雖然我會頻繁發送商務郵件，但私底下卻不太喜歡跟人傳訊。

但是對女人來說，訊息是和他人增進情感連結的便利工具。即使只是隻字片語，她們也能從字裡行間感受到彼此濃厚的情誼，從中獲得滿足。

拍合照可以加深感情

女人不只愛傳文字訊息，也很愛拍照，無論是拍別人還是自拍。電玩遊樂場的拍貼機區裡，總是擠滿了人。雖然偶爾會有男人夾雜其中，但大多數都是被自己的女朋友硬拉過去，而不是自己主動想拍。

女人們喜歡三不五時拍合照，或是一起去照拍貼機。然而男人們卻鮮少這麼做。在男人眼中，拍照的定義就跟員工旅遊時拍團體大合照沒什麼兩樣。

英國萊斯特大學的研究員安・康羅伊（Ann Colley），調查了一百八十位大學生傳送圖片訊息的實際頻率。[23] **結果證實，女人傳送的圖片訊息量是男人的兩倍**，其中又以閨蜜之間的使用頻率特別高，顯示女人格外喜歡跟朋友一起拍照。

然而女人的這種舉動，只會讓男人感到一頭霧水：

「來到景點卻光顧著拍自拍照？」

「成群結隊跟朋友一起拍大頭貼，到底有什麼好玩？」

因為拍合照，對男女有截然不同的含意。

根據康羅伊的研究顯示，**拍合照會提高女人跟合照對象的親近度**，透過合照可以加深彼此間的情誼。我想不少男人在拍照時，都會喊著「咦?!用不著拍我啦！」，並再三推拒，卻沒發現失去了跟女人增進情誼的大好機會。

各位男性讀者在了解這點後，日後面對女人「一起來拍張合照」的提議時，就會懂得笑著答應才是正確做法。

拍照可以習慣成自然

雖然大部分男人覺得拍合照讓人很難為情，可是對女人來說，卻是增加親密度的行為。

我想許多男人應該和我一樣，一旦面對鏡頭就會笑不出來。其實拍照這件事，講求的是習慣成自然。就算對於拍照敬謝不敏的人，只要多多拍照，對於拍照的排斥感也會慢慢消失。簡單來說，就是要養成被拍照的「習慣」。

像是剛出道的演員和音樂人，也不擅長面對鏡頭，但久而久之就會習慣。因此討厭拍照的男人剛開始請先忍耐一下，只要習慣成自然就好。

戀愛

這句話很加分！

對於♂，**「偶爾見面聊一下吧。」**，別用沒完沒了的訊息轟炸他，當面跟他談吧。

對於♀，**「如果有什麼事，可以立刻傳訊給我。」**，鼓勵她就算沒什麼特別的事情，也可以傳訊給你。

16

男人為何需要有自己的空間？

男女心理學

男人獨處也無所謂
×
女人渴望建立關係

女人比男人更重視陪伴

男人的天性比女人孤僻。

女人強烈希望跟他人建立關聯，但男人則恰好相反，他們會想盡可能保有自己的獨處時光。比起落單便覺得孤獨，渴望朋友、家人和戀人陪在身邊的女人，男人更享受獨處的舒服和愜意。

美國楊百翰大學的心理學教授達爾．佩德森（Dahl Pedersen），調查大學生對獨處的看法。[24]

結果顯示，**「喜歡獨處」的男人多於女人。女人「希望有家人、朋友陪伴」的需求，也比男人強烈。**

佩德森的研究顯示，男人具有強烈的隱私意識，他們對於捍衛私人領域的心態，也比女人強烈很多。只要有人擅自使用自己的手機，或是查看通話和訊息紀錄，男人容易因此大動肝火。無論對象是自己的戀人，或是有沒有做虧心事都一樣。

男人就算隱居山林也無所謂

很多爸爸不准任何人踏入自己的書房，就算是老婆小孩亦然，這點也突顯了男人具有高度的隱私意識。

女人通常不排斥與人共用物品，但是男人卻對此行徑相當反感。**對男人來說，凡是屬於自己的「私人物品」，就算只是一支原字筆或是一塊橡皮擦，都討厭被別人使用。**

男人之所以會喜歡獨處，並擁有強烈的隱私意識，是因為天生防衛心強的緣故。

如果有人冷不防地靠近自己，會直覺激起對方是否會來危害自己的警戒心，所以他們情願獨處。他人對女人來說，是緊密相連的夥伴和朋友。可是對男人來說，卻是可能威脅到自己的敵人。也許因為如此，獨處才能夠讓他們感到真正的放鬆。

男人就算跟兼好法師❷一樣在隱居深山獨自生活，也能怡然自得。然而換做女人的話，她們非但辦不到，甚至壓根沒想過要隱居這件事。

家庭

這句話很加分！

對於♂，**「你今天想做自己的事嗎？」**，偶爾給男人獨處的機會吧。

對於♀，**「妳要跟我共用嗎？」**，和她共用物品，也能鞏固彼此感情。

❷吉田兼好（一二八三年—一三五八年）是日本南北朝時代的官人、歌人、法師，也稱兼好法師。文學造詣深厚，有著作《徒然草》存世。

17

「我沒事」是真的沒事嗎？

男女心理學

男人積極爭取 × 女人傾向隱忍

「同工不同酬」的真正原因

男女就算擔任相同職位，但女人的薪資卻往往不如男性。照理來說同工應該要同酬，然而女人的薪資卻硬是矮男人一截。雖然這個現象跟職場性別歧視有關，但其實還有一個原因：**普遍來說，女人對於薪資的執著程度低於男人。**

根據美國馬里蘭大學教授辛西婭・史蒂文斯（Cynthia Stevens）研究，女性不像男人會積極爭取加薪，所以薪資普遍低於男性。[25]

「替我加薪！」

「多肯定我的工作表現！」

男人儘管工作表現沒有特別出色，卻依然勇於開口爭取加薪。俗語說，「會吵的小孩有糖吃」，敢大聲說出自己意見的人，終究會爭取到較多的利益，這就是談判的本質。由於男人會不顧一切、死纏爛打的要求加薪，所以最後也爭取到了高於女人的薪資。

然而女人容易傾向忍耐。由於她們不擅長推銷自己，或是主動提出希望升職加薪的要求，所以往往選擇默默接受公司開出來的薪資。

會吵的男人有糖吃！

根據史蒂文斯的研究，女人薪情差的原因之一是不懂談加薪，**但如果她們好好接受談判訓練，學習談判的技巧，就能爭取到跟男人旗鼓相當的薪資**。

順帶一提，父母之所以買給兒子比較多玩具，同樣是因為男孩喜歡撒野哭鬧的緣故。一到百貨公司，男孩就會對著父母哭鬧：「買這個給我！嗚哇～」，為了不想繼續丟人現眼，父母只好無奈去結帳。然而女孩即使看到想要的玩具，也很難像男孩一樣哭鬧，所以她們往往會選擇隱忍。父母沒買玩具給女兒，並不是不疼愛她們或是有差別待遇，純粹是因為兒子比較會撒野哭鬧而已。

雖然我們常常聽到男女在薪資上有差別待遇的現象，但也許是因為女人比較老實才會無法加薪，如果她們像男人一樣主動且大膽提出要求，就有可能獲得跟男人一樣的薪資。但可能是女人普遍認為「談錢很俗氣」，所以她們很少像男人一樣死皮賴臉的提出要求。

職場 這句話很加分！

對於♂，**「更換成○○可以嗎？」**，想說服他的時候，先擬定備案吧。

對於♀，**「妳有覺得不滿意的地方嗎？」**，很多女人儘管表面上說沒事，其實心裡有許多想法。

18

比起高薪，女人更重視友善職場環境？

男女心理學

男人追求賺更多錢 × 女人渴望良好關係

比起薪資，女人更重視「職場環境」

各位讀者聽過「三個願望」的心理測驗嗎？

這個測驗的具體做法是詢問他人：如果能讓你實現三個願望，你會許什麼願？這項測驗可以刺探出對方內心深處的欲望。

如果開門見山的問對方「你想要什麼？」，對方普遍會提高警覺，未必會說出真心話。**但是添加「如果」這個條件，包裝成假設性的問題，人就會開始鬆口說出真心話。**「三個願望」就是利用這種心理機制的問話技巧。

男女內心抱持的欲望，是否也存在著差異呢？

美國肯塔基大學的研究員比利・亞伯（Billie Ables），找來一群男女進行「三個願望」的測驗，藉此研究男女欲望的差異性。[26]研究結果相當耐人尋味。

從整體來看，不管是男人還是女人，都是「物質」（像房子、車子等）的願望居冠（男人四十四%，女人為三十八%）。然而第二名的願望，大多數男人都是回答「金錢」，女人卻多半回答跟「人」（戀人跟朋友）有關的願望。

男人希望擁有更多金錢，女人希望擁有更多朋友。由此可見，男女在欲望上也明顯存在差異。

男人希望擁有一輩子都花不完的金錢，就算被當成金錢的奴隸也沒關係；女人希望結交很多朋友或是擁有戀人，她們對於「人」的欲望比男人強烈。

如果有份薪資豐碩的工作擺在眼前，男人會看在錢的份上，毫不猶豫地接受。雖然女人同樣會在意薪資，但她們更在意職場的人際關係。對女性來說，能在感情融洽

的同事和前輩環境的職場環繞工作，比坐擁高薪更加重要，

掌握兩性差異，就能解決職場衝突

以男人的角度來看，職場上難免會有看不順眼的同事，但只要無視他們就好，為了薪水，男人還是會欣然從事工作。

女人不管談到多高的薪水，如果她們厭惡公司的人際關係，最終還是會辭職。倒不是說女人的抗壓性不如男人，而是人際關係在她們心中佔有極大的比重。

男人會受到「金錢」這種物質欲望所吸引，女人會受到「情感連結」這種無形的情誼所吸引。

當大家曉得兩性之間的基本差異後，面對職場上男女同事之間截然不同的行事作風，也能多一份體諒吧。

職場

這句話很加分！

對於♂，**「你的希望待遇是？」**，不妨單刀直入的問他最關心的事。

對於♀，**「妳在職場上有遇到什麼煩惱嗎？」**，身為主管，可以時時關心女人的職場環境。

19

為什麼男人看不懂臉色？

男女心理學

男人不擅察言觀色
×
女人懂得洞燭先機

為什麼男人容易挨罵？

女人擅於解讀他人心思，然後「見機行事」。研究顯示，「這種行為可能會獲得稱讚」、「預先做好準備」、「事前評估」方面，女性的表現比男人出色。

美國康乃爾大學的心理學教授尤里・布朗芬布倫納（Urie Bronfenbrenner），以十二個班級的小五生為研究對象實施問卷調查，調查小孩的行為受到大人的影響程度。27

研究結果發現，女孩比男孩更懂得如何討好大人（父母和老師），也會刻意採取能獲得大人讚賞的行動。

由此可見，**女人從小就善於評估，懂得先揣摩他人心思，採取迎合他人的行動。**一言以蔽之就是「善解人意」。女孩很少做會挨師長罵的事情，而男孩通常無法預想到行動的後果，因此常常遭到師長斥責。

女孩在打算搗蛋前，會先審慎評估後果：這種行為老師可能會不高興，甚至挨罵，所以女孩最後會選擇安靜上課。這點在家中也一樣，基本上她們會先衡量得失，不太會做被父母斥責的事。然而男孩比較任性妄為，壓根不管大人會怎麼想，到頭來就是落得挨罵的下場。

女人善於察言觀色

女人在職場上的表現也很面面俱到，她們會率先想到：開會時也許大家會口渴吧，然後預先備妥茶跟咖啡。若是知道將要有重要訪客大駕光臨，就會事先備好資料、打點好一切。**女人比較會顧慮到人情世故方面的細節。**

遺憾的是，男人沒辦法像女人那樣面面俱到。儘管他們比女性擅長數字分析，但是在人情世故的分析方面，卻遠遠不及女人。當男人覺得「沒什麼大不了」的時候，他們的腦袋就會開始短路。他們會理所當然的認為「我哪會曉得老師（或周遭的人）做何感想？」，對同理他人、設身處地這點非常遲鈍。

由此可見，懂得察言觀色，然後見機行事的男人，實在是珍稀動物。

職場

這句話很加分！

對於♂，**「也許採取○○的做法比較好。」**，向不會察言觀色的他伸出援手。

對於♀，**「當時真是謝謝妳。」**，表明自己將她的付出都看在眼裡，會大大加深她對你的信賴。

20

男人為何熱愛各種「升級」？

男女心理學

男人喜歡升級 × 女人對位階無感

男人較注重階級

男人是種活在組織當中，非常注重階級的動物。用具體（但不好聽）的形容，這種心態跟街上的狗狗見面互聞屁股，藉此定位上下關係的舉動有點類似。

也許是居於人上，會讓男人感到幸福的緣故吧。

美國紐約瓦薩學院的心理學教授安妮·康斯坦丁諾普爾（Anne Constantinople），

針對男女大學新生進行為期四年的追蹤調查，發現男大生的幸福指數，有隨著年級遞增的趨勢。至於女大生則是看不出差異。[28]

看在女人眼中可能很難理解，但男人內心渴望自己隨時都高人一等。如果以學生來說，男性無論是國、高中或是大學生，每升上一個年級，幸福指數就會升高，因為升上年級，會給男性一種地位跟權勢也連帶獲得提升的感覺。可是女人即使升上高年級，幸福指數也不會跟著上升。

幸福感會隨著年資逐年升高

對於男學生來說，一年級象徵著「最低階層、新手和菜鳥」，這個身份會帶給他們沉重的壓力，為此幸福指數也很低落。在職場上也是如此，男性進公司的第一年，職場乏味感也最高，但隨著年資逐漸增加，幸福感也隨之升高。**男性比女性更容易受到年功序列工資制❸的影響**。

❸年功序列工資制為日本的一種企業文化，以年資和職位論資排輩，訂定標準化的薪水。（引用自維基百科）

舉例來說，就算是個性強勢的男人，一旦轉職成為新公司的菜鳥後，也得暫時收斂個性。面對年輕同事或是老鳥都得鞠躬哈腰，我想這就是男性在新人時期容易覺得職場很無趣的原因吧。總之，男性光是「升級」就會開心不已，只能說頭腦簡單的人最幸福吧。

女人就算年歲漸長也不會感到特別喜悅，到了一定年紀，甚至還會感嘆「唉，又老了一歲」，幸福指數也呈現下滑趨勢。

此外，還有一個現象也與此有關。飛機和新幹線時的座椅之間都設有扶手。通常相鄰座椅的乘客必須共用一個扶手。如果是一對男女相鄰而坐的情況，使用共用扶手的人以男性居多。因為女人通常會讓給男人用。

美國紐約聖文德大學的研究員朵洛西．海（Dorothy Hai）觀察八百三十二位男女相鄰而坐的機上乘客，調查誰比較喜歡使用座椅扶手。[29] 結果發現，使用共用扶手的男人佔六十七%，女人只有十三%。

各位讀者看到這裡，可能會覺得：男人的體格比女人高大，座椅又這麼狹窄，會想使用共用扶手很正常吧？

朵洛西也曾如此推測過。於是她重新分析男女體格差不多的相鄰座位，發現男女使用共用扶手的比例為三比一。由此可見，即使是體型相當的男女相鄰而坐，男人的使用扶手的比例仍高達七十五％。為了想了解原因，朵洛西在乘客們抵達機場下飛機後，進一步詢問他們為什麼要使用扶手，結果約有九成二的男人回答：**「因為扶手被別人佔據的話，感覺很煩躁。」**

男人討厭被「佔地盤」

對男性來說，使用扶手的目的並非是讓手肘休息，而是在佔地盤。所以**男人佔據扶手後，就會有種贏過他人的優越感**。一旦扶手被人佔用，就會感到矮人一截的壓力。

女人沒有使用扶手也無關痛癢。對女性而言，使用扶手不會感覺自己特別偉大，即使沒用到扶手，也沒什麼好沮喪。

也許是男人比女人更需要寬廣的個人空間的緣故。男人不喜歡陌生人太靠近自己，更討厭個人空間遭到侵佔。所以男人用自己的手肘佔據扶手，為個人空間建造不容他人侵犯的堡壘後，心情才會平靜下來。

職場

這句話很加分！

對於♂，**「這是主管提出來的要求……」**，有事相求時，提醒他職場的上下關係。

對於♀，**「身為同事，我們一起完成這件事吧？」**，喚醒女人的夥伴意識，有助於事情順利進行。

21

男人更懂得為自己爭取權益？

男女心理學

「男人渴望公開獎勵×女人喜歡低調感謝」

男人無法接受「努力得不到相應回報」

男人付出了努力後，就會渴望獲得相應的讚美。他們無法接受自己付出的努力卻得不到任何回報。男人願意犧牲難得的假日來加班，目的是為了得到長官好評；他們努力工作，是希望績效獲得公司肯定，得到晉升的機會。

然而女人儘管付出了努力，卻不太會執著於回報。就算努力過後沒有得到任何回報，女人也不像男人那麼在意。

美國萊門森大學的研究員蒂莫西・薩默斯（Timothy Summers）曾做過一項調查：「如果你付出的勞力跟酬勞不成比例，會有什麼感覺？」[30]

大多數的男人都回答：「**我無法忍受酬勞低於付出的努力**。」男人無法接受自己在工作上付出的努力無法獲得回報。如果薪資不如預期，他們傾向當個「薪水小偷」來還以顏色，用摸魚打混的心態來彌補對於薪資的不滿。

根據薩默斯的研究，女人就算勞力得不到回報，也不太會放在心上。也許是她們早就習以為常了。綜觀歷史，女人在很長一段時間裡，做著不管再怎麼努力也無法獲得金錢的育兒和家務。她們默默做著得不到任何掌聲的工作，久而久之就培養出「就算努力得不到回報，也不會放在心上」的內在模式。

相反地，如果男人付出努力卻一無所獲，就會失去努力的原動力。貪求無饜的**他們之所以會付出努力，目的是獎金、加薪或於眾人面前受到表揚**。然而有不少女人付出努力並不是為了獲得讚美，甚至還覺得當眾被表揚感覺很丟臉，最好能避則避。

當年我讀高中時，班上有一位成績優異的女孩，因為對於被老師點名接受全班鼓掌一事感到丟臉，甚至還「刻意」考出壞成績。看在愛出風頭的我眼中，這是相當讓人匪夷所思的行徑。

女人雖然努力，卻不像男人那樣貪求受到表揚，甚至還覺得那樣的好意只是徒增麻煩。

女人都有「乖乖牌偽裝」

所謂「乖乖牌偽裝」就是隱藏本性、做出乖巧懂事的舉動。頑皮的男孩到別人家玩，依舊吵鬧個沒完，基本上會裝乖乖牌的都是女孩。平時貓會收起猙獰的爪子，可是想撒野的時候，就會伸出利爪攻擊對方。貓咪突然變臉的姿態，跟女人裝乖有異曲同工之妙。

並且實驗也證實，女人的裝乖能力略勝男人一籌。

美國菲爾斯研究中心的研究員維吉尼亞・克蘭德爾（Virginia Crandall），調查超過一千名的男女學生，所涵蓋的年齡層從國小到高中，想知道他們「裝乖」的程度。[31]

具體的實驗內容，就是觀察其他人在場時，孩子們是否會留意自身言行舉止，避免給人產生不好的印象。結果證實無論是幾年級的女孩，普遍都有「裝乖」的傾向。

女孩從小就會留意自己的言行舉止。

「做這種事別人會怎麼想？」

「如果這樣做會不會被認為很沒水準？」

她們會審察自己的言行舉止，小心翼翼地盡可能避免自己出醜，久而久之就演化出了自己的「乖乖牌偽裝」。

男人會赤裸裸地表達欲望

舉例來說，學校老師若是問大家：「點心還有剩，有誰要吃？」男孩就會大喊著：「我要！」，直接表達自己「想吃更多」的欲望。

可是女孩卻不會這樣。她們會暗自衡量著：「其實我也想多吃一個甜點，但舉手說想吃，同學會認為我貪吃……還是默不吭聲比較好。」所以儘管老師開口問，她們也不會舉手。

女孩在年幼時期，就懂得顧慮他人眼光採取行動。至於男孩，往往是在邁入青春期後，才會開始留意自己的言行舉止，所以他們沒有同齡女孩那樣成熟世故。

職場

這句話很加分！

對於♂，「**（在眾人面前）你很努力呢！**」，當眾誇獎男性，比起私下誇獎更能滿足他的優越感。

對於♀，「**（私下偷偷說）妳很努力呢！**」，用「努力終究會被看見」的態度來誇獎她吧。

22

每次換新髮型、新眼影，為何他總是無感？

男女心理學

女人擅於觀察人 × 男人擅於記資訊

男人傾向記憶看似無用的知識

男人擅長將日常資訊塞入頭腦中。打從孩提時代，男性就會默默地記下車站名稱、幾千種昆蟲圖鑑的昆蟲學名或棒球選手的名字。男孩會記住在他人眼中沒什麼大不了的冷知識。從某種意義上而言，男人對於冷知識的記憶力優於女人。

女孩在升上國中前，成績通常會比男孩優秀（因為比較會認真唸書），但升上高中後，男孩的成績就會變好。也許是男孩天生擅長記住無謂知識的緣故吧。

這絕不是說女人記憶力天生比男人差，而是**男女發揮記憶力的領域不太一樣**。

女人對於工作上常用到的數字、機械的操作說明書等資訊的記憶力，確實不如男人。但她們擅長的是與「人」有關的記憶力。相反的，男人的記憶力在這塊領域上，完全無法發揮實力。

女：「部長三天前好像穿了米色開襟衫吧？」
男：「咦？是嗎？抱歉，我完全沒印象。」
女：「髮型也是，他上週二有去理髮廳剪頭髮吧？」
男：「抱歉，我毫無頭緒呢。」

女人在人際相處上會發揮超強的記憶力。男人則是認為這方面的資訊無關緊要，所以不會記在腦海中。

女人是厲害的「人類觀察家」

美國東北大學的研究員瑪麗安．馬斯特（Marian Mast），針對人的記憶進行了一項有趣的實驗。[32]馬斯特找來兩男三女，錄下他們閒聊近期上映電影的內容，這段影片的長度只有短短二十秒，然後播放給五百九十二位男女大學生看。馬斯特在影片結束後，訪問這些大學生影片中登場人物的特徵，像是髮型、洋裝款式、品牌、鞋子、妝容、飾品等。究竟這群大學生能回想起多少特徵呢？

結果顯示，女人能回想起人物許多外觀特徵。女人一旦看到人，就會莫名地啟動記憶開關，甚至細微末節都能記得一清二楚。男人對於人的記憶卻很模糊，應該說他們根本記不起來。

女人本來就有仔細觀察人的傾向，像是「啊、眼尾出現兩條細紋了」、「洋裝的袖口有點髒」、「領帶有點皺」等，她們不會放過任何細節。我想女人鉅細靡遺的敏銳觀察能力，也跟優秀的記憶力有關吧。

職場　這句話很加分！

對於♂，**「你認為那個新產品怎麼樣？」**，針對事物進行報告及討論，可充分發揮他的能力。

對於♀，**「妳認為報告的那位負責人怎麼樣？」**，請擅長觀察人的女人，負責與人相關的工作吧。

23

為何女人更喜歡出國旅行？

男女心理學

男人討厭與人交流
×
女人愛建立關係

女人毫不畏懼與外國人交流

不少日本人都很不喜歡跟外國人溝通，其中以男人的情況最為嚴重。儘管大家在國高中時學了好幾年的英文，可是跟外國人溝通，仍然會讓許多男人感到不安。

身為男性的我也一樣，不但會儘量避免跟外國人談話，即使在路上遇見迷路的外國人，也不太敢出聲主動伸出援手，事後覺得這樣的自己很沒用。

男人的天性比女人「內向」。他們較不擅長與人交際，如果來往對象又是外國人，態度就顯得更封閉。

美國艾克朗大學傳播系教授楊林（Yang Lin）詢問十七歲到五十三歲的男女：「你們願意跟不同文化的人交流到什麼程度？」[33]

相較於女人外向積極的回答，男人的答案明顯偏向「儘量避免溝通」。根據楊林的研判，他們之所以排斥跟不同文化的人交流，原因出在「容易感到不安」。

雖然男性商務人士給人必須赴海外各地工作的普遍印象，但其實女性比較願意積極跟外國人交流。男女在國外出差的心態上，也存在顯著差異。男人傾向「礙於公司命令迫於無奈才去」。女人則是渴望跟世界各種不同文化的人接觸，甚至會自告奮勇要去。男人即使到了國外，也很難跟在地人打成一片，然而女人卻能很快融入當地，結識好友甚至戀人。相較於很難結交到朋友的男人，抱持積極心態的女人反而會認識到更多人。日本男人甚至也不太會積極跟本國人建立關係，更別說是外國人了。

學習英文能力固然重要，但我認為積極跟人交流的心態，才是應該優先建立的學習基礎。畢竟連跟本國人都無法積極交流的話，就算英文能力再好，也不會跟外國人熱絡交談。

只要願意積極與人往來，就算講得一口破英文，也能跟外國人稀疏平常的交談。日本歐巴桑們去國外旅行時，甚至會用日文開心地跟外國人交談。這種有用的厚臉皮態度，我們應該向她們多多學習。

即使不見面，也能聯繫感情

SNS指的是透過網際網路建立個人社會網絡的服務，為人們提供各種網路交流管道，例如電子郵件、Line等。硬要說的話，女人在網上交流的積極程度勝過男人。

女人喜歡與他人建立關係。

美國華盛頓大學傳播系教授馬爾科姆・帕克斯（Malcolm Parks），從十五歲至五十七歲的男女中，隨機挑選調查對象進行研究後，發現女人較容易在網路上建立人脈。[34]

男性調查者中，僅有五十四・五%的人會積極運用網路與人聯繫，女性調查者則是七十二・二%。研究證據顯示，女性非但不介意透過網路或是其他管道與人建立關係，而且毫無排斥感。

換做是舊時代的人，要他們跟連長相都沒看過且身份不明的對象交往，他們會抗拒萬分吧。話雖如此，還是有很多女人不介意這點，甚至結交許多素未謀面的網友。

依照男人的個性，似乎比較適合沿用舊時代的交際方法來建立人脈。男人拓展人脈的模式，是透過熟人介紹來認識他人，再透過他人輾轉認識其他人。也許是因為透過認識的人介紹，比起透過網路認識更多了幾分親切感吧。

男人「心向山群」，女人「擁抱人群」

冒險心旺盛的男人，普遍會給人一種勇於探索未知領域的印象，可是在進入陌生交際領域時，卻比女人還要畏縮和膽小。

特別是在人際交流方面，女人的膽量遠遠大過男人。簡而言之，與其說男人缺乏勇氣、氣魄或是膽量，應該說人際交往並不是他們的強項。

男人敢深入叢林般的場所，也敢去無人能攀登的險峻高峰，但唯獨討厭人山人海。

就算是魁武壯碩的職業男摔角手，在陌生人面前也會裝出一副老實相，因為男人在人際交往方面本來就比較晚熟。

相反地，女人出席派對等場合，往往很快就能融入賓客之中談笑風生。男性多半會怕生彆扭，所以很難打入別人的圈子。

我去大學教書時，踏入教室後，發現絕大多數的女學生都在跟其他同學聊天，反觀有好幾位男學生獨自坐在座位上，也是男性不像女性那麼善於交際的證明之一。

職場 這句話很加分！

對於♂，**「這次出差，希望你能充分發揮英文長才。」**，先激起對方的自尊心，讓他欣然接受。

對於♀，**「這次出差，也許妳會在國外認識更多人唷~」**，為她描繪與異國文化交流的願景。

Chapter 3

戀愛篇

兩人會因為性格、想法等差異而互相吸引，但也會想了解另一半的真實想法吧？

「為什麼對方會吃醋？」「對方為什麼會出軌？」

本章將向各位說明男女「戀愛方式」的差異。

24

為什麼女人比男人更敢提分手？

男女心理學

女人分手毅然決然 × 男人傾向自然淡掉

女人的分手原因都很明確

每個女人心中，都自有一套明確的分手原因，一旦對方踩到地雷，就會下定決心跟戀人分手。

美國路易斯—克拉克州立大學的研究員萊斯里．巴科斯特（Leslie A. Baxter）訪問一百五十七位男女「下定決心跟伴侶分手的原因」。[35]結果發現，女性受訪者都能明確講出分手的理由：「對自己漠不關心」佔二十七・四%、「不願對我敞開心扉」佔二十一・七%、「對方用情不專」為十六・六%、「很少見面」為十六%。**反觀男性受訪者卻沒有具體的分手理由，**因為他們完全說不出個所以然。

「嗯～就自然而然分手了。」

「呃，原因是……我也搞不太清楚……」

女人對於分手原因都很清楚明白，也可以說她們的戀愛態度非常直接了當。然而男性卻是用極為曖昧不明的態度在談戀愛。我想實際上很多男人無論是交往還是分手，理由都是「自然而然」吧。

一旦出軌，女人就會直接說掰掰

對大部分女性來說，有個地雷是戀人一旦觸犯，她們就會當機立斷跟對方說掰掰。

沒錯，就是出軌。

美國加利福尼亞州立大學心理學教授克莉絲汀・哈里斯（Christine Harris），針對數十位平均三十八・五歲的男性，和平均三十六・四歲的女性進行分手原因的問卷調查。[36]結果發現回答「出軌就分手」的女性高達九十四%。

換句話說，超過九成的女性都無法容忍「另一半出軌」。

所以各位男人不想跟女友或是妻子分手的話，出軌是萬萬不能犯的大忌。也許你的另一半可以原諒你其他事情，但唯獨出軌不行。

依據哈里斯的調查顯示，明確回答「出軌就分手」的男性佔四十三%。雖然認為伴侶出軌就該分手的男人也不少，但比起女人的比例來說，還是小巫見大巫。畢竟約有半數以上的男人，就算另一半出軌，也不曉得是否應該果斷分手。

女人對於「絕不容忍」的標準，比起男性要明確許多。男人在這方面的態度始終漫不經心，甚至認為「這點程度她應該會睜一隻眼閉一隻眼吧」，然而事情可沒有這麼簡單。

戀愛

這句話很加分！

對於♂，**「如果想分手可以直說。」**，面對男人曖昧不清的態度，反將他一軍。

對於♀，**「若是我願意改掉這點，我們還能繼續嗎？」**，由於女人的分手理由顯而易見，想挽回就展現自己願意改變的誠意吧。

25

到底有沒有異性純友誼？

男女心理學

女人能將所有異性視為朋友 × 男人會將所有異性視為潛在對象

男女有純友誼嗎？

「男女之間真的存在純友誼嗎？」這是在報章雜誌上經常出現的議題。

雖然答案因人而異，但是從心理學的觀點來看，答案明顯就是「不存在」。**男女間要形成純友誼，根本就是難如登天。**

為什麼男女之間不存在純友誼呢？原因在於，彼此想從對方身上尋求的事物截然不同，所以友情不可能成立。

美國威斯康辛大學心理學教授愛波・布雷斯克・萊切克（April Bleske-Rechek），訪問一百名男女調查關於對異性朋友的想法。[37] 結果顯示，男人覺得儘管名義上是朋友，依然會將對方視為異性，很難不當成是戀愛對象，同時也渴望發生性關係。儘管彼此只是朋友關係，但男人依舊會偷偷抱持著「搞不好有機會上床」的意圖。女人則不是這樣。女人能夠不論性別，一視同仁的與人親密交流。

總歸一句，女人是秉持著「也想結交男性友人」的想法在交朋友，可是男生卻做不到。因為他們會忍不住將異性朋友視為戀愛對象。

而且萊切克的研究指出，**當男人明白到跟女性朋友完全沒有發展機會後，就會立刻跟對方斷絕往來**。他們對此存在著自私的一面。

各位讀者看到這裡，應該就會恍然大悟：男女之間很難有純友誼，因為原因出在男人身上。一旦男人無法把女人看做是單純的異性朋友，純友誼的可能性就是微乎其微。

長期的「男女純友誼」，相當困難

在剛認識的時候，男女之間也許會存在短期、暫時性的純友誼，但隨著相處時間變長，男人就會逐漸將女人視為戀愛對象。**儘管短期間貌似純友誼，然而要長久維持這種關係，其實相當困難。**

但如果那位異性朋友完全不是男人喜歡的類型呢？各位可能會認為男人不會對「完全不是自己的菜」的女人萌生愛意，所以仍有發展純友誼的可能吧。話雖如此，隨著兩人相處久了，男人還是會發覺到「這傢伙也有不錯的地方嘛」，仍然可能將對方視為戀愛對象，因此想維持純友誼是難上加難。各位又是怎麼想呢？

戀愛

這句話很加分！

對於♂，**「假如我們在交往，你會想去哪裡？」**，曖昧期間，先識破男人想跟妳成為戀人的願望，掌握關係主導權吧。

對於♀，**「好啊，我們可以先從朋友開始當起。」**，先賦予「朋友」一詞特殊涵義。

26

經驗豐富的人，比較懂戀愛？

男女心理學

男人重量不重質
×
女人重質不重量

誰更擅長談戀愛？

以兩性來說，擅長談戀愛的究竟是男人還是女人呢？

由於男人比較積極，感覺對於戀愛駕輕就熟；女人溝通能力很強且善於撒謊，戀愛技巧也很厲害吧。究竟誰比較擅長談戀愛呢？

純粹就技術觀點而論，談過越多段感情，兩性相處經驗越豐富的人，面對戀愛也會得心應手的多。舉凡運動還是音樂，都是只要多加練習就會進步的技術。因此戀愛經驗越豐富的人，自然會被視為戀愛技巧比較高超。

就這個層面來說，姑且能做出男人比較擅長談戀愛的結論。畢竟查遍各大研究，**僅是著眼於交往人數的話，男人的確是勝過女人**。

根據新墨西哥州立大學的研究員彼得．喬納森（Peters Jonason）的研究，顯示出男人之所以會擁有多任情人，甚至腳踏好幾條船，是因為男性渴望提高「個人聲望」的緣故。[38]

情史輝煌的男人，可以贏得同性的尊敬。因此男人為了提高個人聲望，對於戀愛的態度也會趨於積極。然而，情史輝煌的女人，反而容易被世人貼上「發電機」的標籤，遭到輕蔑跟嫌棄，絕不會為自己贏得尊敬。普遍來說，「潔身自愛」才能替女人塑造好名聲。

戀愛次數 vs. 戀愛技巧

由上述內容可知，男人會為了提高個人聲望而積極談戀愛。由此可以推論，他們會進行多次的戀愛練習，藉此鍛鍊自己的戀愛技巧吧？

然而這個推測只是就技術層面而論。若是基於「戀愛手腕高超程度」來定義，女人也可說是箇中強手。

單純只論交往人數，男人的確是勝過女人。正是因為男人熱衷於談戀愛，所以像酒店小姐等特種行業和風月場所才會如此興盛。雖然也其中不乏像牛郎俱樂部等專攻女性客群的公關店，但是跟男性客群的店數比起來，仍是壓倒性的少數。

男人談戀愛的欲望比女人強烈，也會實際採取行動。**女人則抱持著「貴精不貴多」的看法，會比較謹慎挑選交往對象**。

照理來說，男人談過很多次戀愛，戀愛技巧也會越來越進步，但綜觀世間戀愛笨拙的男人似乎多過女人，這又是為什麼呢？

戀愛

這句話很加分！

對於♂，**「你似乎經驗豐富呢！」**，透過迎合他，讓他主動跟妳炫耀自己多年的心得吧。

對於♀，**「妳很珍惜每段感情呢！」**，稱讚戀愛次數不會讓女人感到開心，而是要稱讚她有好好認真經營感情。

27

女人的「好想談戀愛」，其實是想結婚？

男女心理學

男人容易想到肉體層面 × 女人更為重視精神層面

男人、女人誰更浪漫？

男人跟女人究竟何者比較浪漫呢？

普遍來說，男人始終忘不了自己的初戀情人。會委託徵信社調查初戀情人現況的人，也以男性居多。相反地，**女人對於初戀情人的現況毫無興趣**。針對這點來看，男人似乎比較浪漫吧。

然而事實上，女人的浪漫體驗卻比男人多。

愛情心理學中，有個專有名詞「浪漫之愛」（Romantic Love），指的是男女之間的純愛。女人的「浪漫之愛」經驗比男人多很多。

美國賓州州立大學的研究員威廉・凱普哈特（William Kephart）調查超過一千名十九歲到二十四歲的大學生，詢問他們「人生中擁有多少次純愛經歷？」[39]結果男人的純愛次數平均為五・七四次，女人則是七・二次。純愛經驗數量上是女人獲勝。

男人可以純粹為了上床跟女人交往。男人就算沒有發自內心喜歡對方，照樣能跟對方交往。可是女人就不同了。對女人來說，情人的定義為心心相印的對象，就算彼此沒有發生肉體關係，也會愛上對方。因此女人比男人更渴望浪漫的純愛。

相較於戀愛方面注重「肉體層面」的男人，女人注重的是「精神層面」。

男人無法只沉浸在幻想之中

如前所述，由於男人交往過的人數多於女人，戀愛技巧也會自然而然的進步，由此推測男人比女人擅長談戀愛；至於精神層面的純愛經歷，則是女人略勝一籌。所以我們可從中歸納出一個結論：女性才堪稱是「純愛達人」。

浪漫主義者的女人，只要在腦海中盡情幻想，內心就能湧現幸福感受，但男人是現實主義者，無法從幻想中獲得滿足。**男人會全力以赴去爭取真實的戀人。**男女間的最大差異在於，女人在幻想世界中，也能充分享受到戀愛的快樂。

女人絕對無法接受「有性無愛」，但男人卻認為理所當然。和女人比起來，男人不太會追求純愛。

此外，男女對於同一個字詞，也具有截然不同的聯想。大家對於「學校」和「書本」等字詞的聯想可能大同小異。然而一遇到「戀愛」這個字詞，男女的聯想卻會開始產生分歧。

「好想談戀愛」，她跟你想的不一樣

「戀愛」在字典上的意思是：對於特定異性懷抱著愛慕的特殊情感。這是日本人對於戀愛的定義。

然而「戀愛」除了字典上的定義，實際上卻還有更深層的含義——男女對於「戀愛」

存在根本性的認知差異。

心理學家理查德・辛巴洛（Richard S. Cimbalo）在期刊《心理報告》（*Psychological Reports*）上公開發表的論文[40]提到，**「戀愛」一詞會讓男人聯想到「上床」，女人則會聯想到「結婚」和「家庭」**。

雖然男女說的是同一句話，卻帶有截然不同的含義。當男人嘴裡嚷著「好想談戀愛！」的時候，指的多半是「好想找人上床」；換做女人，這句話背後的含意是「好想跟人結婚」。

「你渴望戀愛嗎？」——這是報章雜誌的問卷調查中經常會出現的題目。這個題目看似正常，但實際上卻大有問題。這種問法會因為受訪者的性別，產生很大的認知偏差。

如果想調查受訪者的真心話，就必須**採取更具體的問法，像是「你想要性伴侶嗎？」、「你想要結婚嗎？」「你會想共組家庭嗎？」**，就算只是跟異性輕鬆聊聊彼此的戀愛觀，雙方也很容易意見不合。因為男女原本就對同一字詞有著截然不同的認知。

戀愛

這句話很加分！

對於♂，**「你接下來想做什麼呢？」**，在約會的尾聲詢問，透過對方的回答，刺探他的真實想法。

對於♀，**「妳心目中的理想戀愛是什麼？」**，打聽她對於將來的願景，窺探她的真心話。

28

為什麼明明有伴侶，卻還是劈腿外遇？

男女心理學

男人渴望擁有多位伴侶
×
女人單一伴侶就已足夠

東亞男女較為清心寡慾

女人傾向與單一伴侶交往，認為一位情人就已足夠。可是男人卻很貪心，就算有了伴侶，內心深處卻總覺得只有一位情人不夠。所以他們一有機會就會想物色小三，甚至小四。

全世界的男性不分國籍，都曾肖想過擁有多位情人。關於這點，並不存在所謂的文化差異。

美國布拉德利大學心理學教授大衛・施米特（David Schmitt），針對全球五十二個國家的男女調查：「在理想情況下，你希望擁有幾位伴侶？」[41] 施米特將全球劃分成十區進行分析，結果在涵蓋日本在內的東亞，男人回答一・二五人，女人則是〇・三五人。值得玩味的是，男人渴望擁有「一位以上」的伴侶。

跟全世界比，東亞男女顯然不太想要擁有多位伴侶，同時也是全世界最清心寡慾的區域。

男性戀愛欲望最旺盛的區域中，由中東地區奪冠，他們希望擁有二・五四人。女性戀愛欲望最旺盛的區域是東歐，答案為一・〇一人。

就算是戀愛欲望旺盛的女人，果然還是認為有單一伴侶就已足夠。

另一半是「獨一無二之人」

現代的婚姻制度為一夫一妻制，無論男人有多麼渴望左擁右抱，也只能跟一個人結婚。但我認為，如果可能的話，男性都會希望坐享齊人之福。對於「單一伴侶就已足夠」

的女人來說，一夫一妻制是很適合的婚姻制度；然而站在男人的角度來看，這種婚姻制度根本是強人所難。

綜觀全球各國，大多都是施行一夫一妻制。即使是信奉回教的阿拉伯半島諸國、西亞、北非和西非諸國等，也都是施行一夫多妻制。但是放眼全世界，幾乎沒有採用「一妻多夫制」的國家。

在喬治．默多克（George Murdock）的《世界民族志抽樣調查》（*Ethnographic Atlas*）一書中，明列全世界約一千兩百三十一個社會（包含國家和民族）中，約一成五是一夫一妻制，八成四是採一夫多妻制，保持一妻多夫的佔不到〇．〇一%。

由於可見，女人可以滿足於單一伴侶關係，所以世上幾乎沒有一妻多夫制的國家。

雖然女人傾向積極與他人建立關係，但是在戀愛方面卻不像男人如此貪心，很多女人真心認為：「無論是男朋友和老公，只要有一位就好」。

戀愛

這句話很加分！

對於♂，「**現在跟我約會的人，是你。這不就夠了嗎？**」，還不想跟他確認關係的話，就先避重就輕的回答吧。

對於♀，「**前任什麼的我才不在乎，我只在乎你的感受。**」，對她展現你的一心一意吧。

29 為什麼女人總是能聽出男人的謊言？

男女心理學

男人企圖粉飾太平
×
女人善於識破謊言

藏不住心事的男人

「你最近有跟其他女人吃飯吧？」

「你是不是有外遇了？」

當丈夫被妻子這樣逼問後，通常都會變得語無倫次。

女人就像是天生內建了測謊機，非常擅長揭穿謊言。雖然丈夫外遇很容易被妻子發現，但妻子外遇時丈夫通常毫無所覺。

女人的觀察能力足以媲美名偵探夏洛克・福爾摩斯，所以她們通常能很快嗅到謊言的味道。

只要另一半的表情有點陰沉，行為舉止異於往常，女人的第六感就會瞬間啟動。這種第六感可說是女人的「直覺雷達」，可以識破男人的一切謊言。儘管男人已經擺出一如往常的態度來掩飾謊言，但依舊會被女人一眼識破，只能在內心暗自叫苦。

在柯南・道爾的《夏洛克・福爾摩斯回憶錄》一書中，曾描寫一段福爾摩斯跟警探的有趣對話：

警探：「還有任何可疑的地方嗎？」

福爾摩斯：「案發當晚的狗很反常。」

警探：「可是當晚的狗並沒有異狀啊。」

福爾摩斯：「就是這點才反常。」

男人越是刻意裝出自然的態度粉飾謊言，越會弄巧成拙。案發當晚理應吠叫的狗，反而安靜到啟人疑竇，這種看似理所當然的細微之處，一般男人可能不會注意到吧。

女人擁有很強的觀察力

根據美國東北大學心理學教授茱蒂絲・霍爾（Judith Hall）的調查，女性的視覺敏銳度比男性高二十％，聽覺敏銳度則是三十八％，女人可以從表情、講話音調的微妙變化，找出說謊的線索。因此她們識破謊言的能力遠遠凌駕於男性之上。霍爾基於上述調查結果，**推論女人識破謊言的能力是男人的十二倍。**[42]

由於男人撒謊終究會被女人識破，所以奉勸男人還是不要對女人有所隱瞞，誠實告知才是上策。

戀愛

這句話很加分！

對於♂，**「我喜歡誠實的人唷！」**，事先在男人心裡埋下伏筆，讓他產生愧疚感。

對於♀，**「我不會對妳有任何的隱瞞。」**，要給她滿滿安全感的話，就光明磊落的當面拍胸脯保證吧。

30

男人女人誰更「善妒」？

男女心理學

女人難以原諒肉體出軌 × 男人無法接受任何出軌

女人天生善妒？

俗話說「女人善妒」。有人認為「嫉妒」兩個字之所以都使用女字旁，是因為女人嫉妒心很重的緣故。日本民間故事〈安珍與清姬〉❹中，也有著女人因愛恨交織而全身燃燒著火焰的情節，這也許就是從「女人善妒」的世俗觀念中所衍生的想像吧。

然而根據心理學的研究，並沒有明確的資料證明女人的嫉妒心比男人強。

男人也跟女人一樣有嫉妒心。但是**男女的嫉妒，卻有著本質上的不同**。

美國阿拉巴馬大學博士羅莎娜・瓜塔戈諾（Rosanna Guadagno）調查一百三十二位男性和兩百位女性，詢問他們：「你對另一半跟網友網路性愛，有什麼感覺？」[43]結果半數以上的男性受訪者會大吃飛醋。可是相同的問題，會因此吃醋的女性受訪者不到三成。

換言之，男人面對自己的伴侶親近其他男人，吃醋的比例遠遠高於女人。而女人只要伴侶沒有實際出去跟人約會，或是上床的話，基本上不會過分在意伴侶跟其他女性來往。

然而，一旦另一半跟別人實際發生性關係，女人不僅會嫉妒，而且絕對不會原諒男人的這種行徑。

---

❹〈安珍與清姬〉是流傳在日本紀州的傳說。內容描寫少女清姬愛慕寄宿的修行僧安珍，在遭到背叛後化身成蛇，將躲藏在道成寺之鐘裡的安珍燒死的故事。（以上摘錄自維基百科）

男人甚至會嫉妒男偶像

男人會因為自己的情人心中有別人而吃醋，就算女友的曖昧對象僅限網路關係，沒有實際出軌，但男人依然無法原諒。真要說起來，男人的嫉妒心也許還勝過女人。

甚至有些男人光是聽到另一半開口閉口都是男偶像，也會覺得很沒意思。他們會嫉妒女友喜歡偶像的程度勝過自己，不滿她將心思轉移到他人身上。但女人聽到男友提到「某某偶像好可愛」也不會心生醋意。除非男友在現實生活中出軌，她們才會嫉妒。

因此「女人善妒」的諺語應該是謬誤。**畢竟從肉體和精神出軌都無法原諒這點來看，男人的嫉妒心確實強過女人沒錯。**

戀愛　這句話很加分！

對於♂，**「只有偶爾聊 Line 的話是無所謂。」**，明確告訴他自己對於異性相處的容忍底線。

對於♀，**「妳最近很迷這個人耶。」**，與其為此和她吵架，不如誠心誠意去了解她為什麼喜歡這個偶像。

31

不是帥哥就沒機會脫單了嗎？

男女心理學

男人是外貌協會 × 女人比較重個性

女人都喜歡帥哥？其實聽聽就好

說老實話，男人很容易被女人的長相吸引。只要是高顏值美女，就算性格多少有點糟糕，男人也會開開心心地睜一隻眼閉一隻眼。如果問男人：「個性差的美女跟個性好的醜女，你會選哪個？」身為外貌協會的男人，百分之百會選前者。

然而女人卻沒有男人那麼重視長相。儘管有些女孩公開聲稱自己無法與不帥的人交往，但實際交到的男友，卻往往不是帥哥。女人果然還是比較重視個性，一般來說，她們不會像自己聲稱的那麼重視長相。

正在執筆撰寫男性戀愛教戰守則書，同時也在網路連載戀愛心理學專欄文章的我，想在此奉勸各位男性讀者：**「就算遇到開口閉口都是帥哥的女孩，也可以積極去追求。」**

女人不像男人那麼重視長相。儘管她們嘴巴上是這麼說，其實多半都是謊言。

美國聖若望大學心理學教授傑佛瑞・內維德（Jeffrey Nevid），詢問超過五百位男性和女性「交往對象的必備條件」。[44]

結果顯示，男人開出來的交往條件，幾乎都是「長相」。男人是憑女人的外貌來選擇對象。根據內維德的調查，**男人尤其重視的外在條件是「胸部」、「屁股」和「腿」**。

但是女人卻並非如此。**女人對於理想對象的條件是「個性」**。具體來說，她們想跟溫柔體貼的暖男交往。只要個性好，就算外表差強人意，女人仍然可以接受。

美人三日厭？沒那回事

各位有聽過「美人三日厭」這句諺語嗎？意思是即使再漂亮的女人，看久了也會膩。這種說法也是一派胡言。

普遍來說，男人結婚第四年後，對妻子的愛意就會逐漸減少，另一方面，美國南方衛理會大學的心理學者安德魯・梅爾策（Andrew Meltzer）發表的研究結果顯示，跟美女結婚的男人，從新婚到婚後四年，對於妻子的愛意也絲毫不減。[45]

大多數男人都是用長相來擇偶，而且不會後悔這個選擇。靠臉蛋擇偶的男人，婚後會看膩老婆嗎？答案是不會。因為他們對於自己的老婆感到心滿意足。

男女普遍對於「充滿魅力的同性」沒有好感

在此，我想跟各位男性讀者聊個題外話，請問你們會想跟超級大帥哥成為朋友，一起結伴出遊嗎？

我想答案恐怕是「不願意」吧。畢竟跟大帥哥結伴行動，自己難免會淪為配角。

其實關於這點女人也一樣。女人也傾向與和自己顏值等級差不多的女人相處。她們同樣會對太有魅力的女人敬而遠之。

無論男女，皆對相貌出眾的同性沒有好感。仔細想想，會這樣也很正常。畢竟同性很容易在情場上被視為競爭對手，自己必須贏過對方，才能邁向戀愛、結婚的道路。所以男性不可能，更沒必要給予帥哥（換言之就是不易擊敗的對手）正面評價。

對女人來說，充滿魅力的女人也是如此。因為高顏值的正妹身邊總是很容易吸引眾多男人，所以會讓男人看不見自己的存在。因為不想被比較所以與之保持距離，也是人之常情。

美國喬治亞西南州立大學的研究員研究員布倫南・休厄爾三世（Brennon Sewell III）調查後發現，請男人針對照片中的帥哥進行評價時，他們往往會給出嚴厲的評價。如果照片內的男性相貌平平，他們給的評價相對就寬容許多。**男人看到帥哥，評價會嚴厲許多。女人也被證實具有相同傾向。**[46]

針對六張顏值不一的女性照片，請女人進行評比後，結果女人跟男人一樣，容易對美女做出嚴厲的評價，對於貌不驚人的女人，則會給予極高的評價。

這樣看來，帥哥雖然廣受女人歡迎，這點固然讓人羨慕，可是帥哥也會因此受到同性的排擠，總括起來，也只是正負相抵。

美女也是一樣。由於美女身旁總是圍繞著許多男人，反而很容易受到其他女人排斥，被霸凌的可能性也很高，所以也無法讓人真心羨慕。

看來不管是帥哥還是美女，都有辛苦的一面。

家庭

這句話很加分！

對於♂，**「我覺得你應該會喜歡吧！」**，給他一種「只有我才懂」的特別感吧。

對於♀，**「妳真的很漂亮！」**，將自己的感想坦率地告訴她。

Chapter 4

思維方式篇

男女的思維方式同樣存在著諸多差異。

「為什麼男人能夠忍受鬧哄哄的地方？」

「為什麼女人明明就很瘦，卻仍希望自己更瘦呢？」

本書在最後將探討男女「思維方式」的差異點。

32

觸感更容易打動女人的心？

男女心理學

男人用「視覺」來決定
×
女人用「觸感」來決定

肢體接觸會分泌「擁抱荷爾蒙」

女人喜歡跟人肢體接觸。

美國老道明大學心理學教授瓦列里安．德雷格（Valerian J. Derlega），分析人們迎接從遠方歸來的朋友的影像後，發現男性之間頂多只會互道「歡迎歸來」，幾乎不會有肢體接觸。即使有肢體接觸，雙方握手的比率也只有二十三%。

女人卻不同。有十五%女性會上前擁抱很久不見的朋友（男人則是完全不會）。

為什麼女人會喜歡肢體接觸呢？據說是受到一種名叫催產素（Oxytocin）的女性荷爾蒙所影響。催產素的別名為「擁抱荷爾蒙」。這種化學物質就跟字面上的意斯一樣，只有在被撫摸、被擁抱的時候才會分泌。**女人之所以喜歡擁抱人，是因為這樣做會分泌催產素，讓自己感到心情愉悅**。

當然男人也會對肢體接觸產生愉悅感。然而他們只能接受像是戀人、妻子等特定對象的肢體接觸，同時也會生理性排斥與其他人這麼做。

此外，女人也喜歡主動觸摸人。有些女人在公園遇到牽狗散步的人，就會驚呼「好可愛」的立刻摸起別人的狗；遇到小嬰兒，也會邊稱讚邊撫摸小嬰兒的臉頰和小手。

連購物時也要摸！

有趣的是，女人就連購物時，也喜歡觸摸商品。

女人挑選洋裝時，必須試穿好幾次、反覆摸過才會刺激購買慾。親自摸過的商品，更容易讓女人愛不釋手。

男人在購物時，不會在乎商品的觸感。因為他們只會憑商品的外觀或功能來購物。有個心理測驗叫做「觸覺刺激消費欲望評定量表」，裡面的五十道題目包括「進入店內會想把所以商品都摸過一遍」、「觸摸東西使我感到愉悅」、「我不會購買沒摸過的衣服」、「即使沒有想買的欲望，但還是想先摸摸看商品」、「回過神後才發現自己的手已經伸出去」等，結果顯示，女性的得分高於男性。

女人天生比男人更愛觸摸東西。觸摸可為女人帶來某種快感跟興奮的感受。雖然看起來軟綿綿的東西，同樣會激起男人想觸摸的欲望，但程度上卻沒有女性來得強烈。

戀愛

這句話很加分！

對於♂，**「要不要先試試看再買？」**，巧妙地引導容易衝動購物的男人吧。

對於♀，**「妳可以慢慢選，不用急！」**，體諒購物時需要再三斟酌的她吧。

33 男人為什麼如此迷戀科技產品？

男女心理學

男人相信科學
×
女人信賴占卜

男人會將「科學萬能」掛在嘴邊

許多人主張科技的發達，會讓世界更加美好，認為科技不僅解決了糧食危機和環境問題，醫學進步也能治好絕症。這是「科學萬能主義」派的論點。另一方面，也有人對於科技抱持擔憂態度，擔心科技會被利用在不好的地方，非但不會給人類帶來利益，反而會招致禍害。

粗略來分，篤信科學萬能的清一色幾乎都是男人，女人則是傾向對科學抱持懷疑的態度。

美國聖瑪麗山大學的研究員麥可・特蘭金鈉（Michael Trankina）調查一九七二年到一九九〇年施行的人口普查，發現有將近六成的女人，不分教育程度高低和年齡大小，都不相信科學的萬能性。結果顯示，篤信科學萬能的男性為四十八・三％，女性僅有三十九・六％。[48]

不少男人只要聽見「科學」兩個字，就會覺得很有說服力。對科學懷抱良好印象的不僅限理科男，許多男性從小會透過漫畫等管道來了解科學，並因此抱有好感。

比起心理學，女人更相信占卜

男人聽到「科學」兩個字，就會立刻聯想到「知性」、「帥氣」、「飛天汽車」、「最先進的機器人」等字詞。**科學讓男人產生的聯想以正面居多，幾乎不太會有負面聯想。**雖然在漫畫書中也有利用科技來幹壞事的瘋狂科學家，但是他們多半都會敗在正義的科學家手中。因此，男人對於科學始終抱持著良好印象。

因為男人覺得科學可以解決一切問題。所以他們壓根不相信「就算科學發達，世界也不會變得更好」的論調。不少人甚至直接表態，相信科學萬能。

當然，男人也會隱約發覺科技有時候並非萬能。儘管如此，他們依舊會在內心深處抱持著「就算現在並非萬能，但總有一天肯定會克服」的期待。

雖然心理學這門學問中，仍存在著許多尚未釐清的模糊地帶，相較於物理跟化學，很難稱得上是科學。但我真心相信人心的奧妙之處，終有一天會獲得闡明，也許是因為我是男性的緣故吧。

說到這裡，英國倫敦大學心理學教授阿德里安．弗漢姆（Adrian Frank Furnham）曾要求調查對象「判斷自己的個性」，結果發現**男人相信心理學家實施的測驗結果，女人則是傾向相信占卜結果**。[49]

我想這個研究結果，也算是男人比女人相信科學力量的間接證明吧。

戀愛

這句話很加分！

對於♂，「**比方說呢？**」，儘管妳對科學話題興趣缺缺，先展現出願聞其詳的態度吧。

對於♀，「**好像有點準耶！**」，就算對這方面毫無興趣，也先試著樂在其中吧。

34 為什麼女人會怕練太壯？

男女心理學

男人嚮往高大魁梧×女人崇尚嬌小纖瘦

男人愛練肌肉，女人愛減脂

「最近越來越胖了。」

「哇！這個肚子好像有點不太妙。」

男女自覺出現肥胖徵兆時，採取的對策也大不相同。雖然無論男女，都會告訴自己「這樣下去是不行的！」，然後設法開始減肥，然而接下來的做法卻會開始出現分歧。

男人會透過去健身房、游泳等肌肉訓練來解決肥胖問題。因為他們想藉由鍛鍊肌肉，獲得健美帥氣的身材。但女人基本上不太會採取這種做法。她們覺得**肌肉訓練會導致身材變的魁梧，而不是充滿女人味的火辣身材**。女人縱然想要減肥，卻並非想擁有健美體魄。

根據社會心理學家彼得・喬納森（Peter Jonason）研究，男女在這方面的差異，很符合演化心理學。[50] 鍛鍊出健美體魄的男人，容易受到異性青睞。在自然界動物中，體型高大的雄性也比較有雌性吸引力。所以男性想靠運動鍛鍊體型以增加求偶成功機率的心理也很正常。

然而女人則是體型越嬌小越受到異性歡迎。雖然高大的女人也有其市場，但男人普遍喜歡個頭嬌小的女人，所以透過減肥讓身體變得纖細嬌小，會讓自己在同性競爭上佔有優勢。

無論男女，都希望更瘦

依照喬納森的解釋，男女會下意識、本能性地知道怎麼做會受到異性歡迎，所以

男人會選擇肌力訓練，女人則是選擇減脂瘦身。這種說法確實頗具說服力。

翻開男性雜誌，不難發現刊登的廣告清一色都是像啞鈴、健腹器等提升肌力的健身商品。但女性雜誌的廣告則是五花八門的健康食品和減肥食品，鮮少看到提倡肌力瘦身的產品。

儘管男女有志一同的不想發福，也會下定決心設法減少體重，然而採取的方法卻是截然不同。

戀愛

這句話很加分！

對於♂，「**你的體格真健壯。**」，所有男人都喜歡被人稱讚體格。

對於♀，「**妳好像比之前瘦了？**」，多給總是覺得自己不夠瘦的她信心吧。

35

為什麼女人熱愛各種表情符號？

男女心理學

男人傳訊簡潔扼要 × 女人傳訊圖文並茂

男人偏愛純文字訊息

各位讀者曉得如何從一篇文字訊息當中，判斷出發訊者是男生還是女生嗎？

雖然我們可以從文章的用詞遣字之中，輕易判斷出作者的性別，但就算不透過用字遣詞，我們也多少能透過一些蛛絲馬跡，來猜出作者的性別。至於判斷線索，就是訊息是否夾雜著表情符號跟顏文字。

男人基本上偏愛純文字訊息。女人傾向替文字加油添醋，喜歡頻繁使用顏文字跟表情符號來輔助文字內容。所以只要注意到訊息當中夾雜著顏文字，就能多少猜到作者的性別。

舉例來說，男性傳訊者回覆他人時會傳「了解」，女性傳訊者傳送的回覆則是「了解:)」

美國西新英格蘭大學心理學博士凱薩琳・狄龍（Kathleen Dillon）將空白邀請卡發給三十位男性和二十位女性，要求他們想像自己打算邀請某位親朋好友參加派對，然後實際動筆寫一封邀請函。[51] 她在事後分析男女的派對邀請函，發現女人比較喜歡在字裡行間中穿插符號、加底線等，將文字潤飾得更加豐富華麗。

男人則不會這麼做。**他們寫生日賀卡時，基本上只會單純寫「生日快樂」而已。**

愛用符號的男人比較自戀

當然男性之中，也存在著符號愛用者。

愛用表情符號的男人，性格可能較為溫柔體貼。正因為他們擁有體貼的特質，才會像女人一樣喜歡頻繁運用各種符號。順帶一提，經狄龍的實驗證實，**自戀型的男人有著經常使用符號潤飾文字的傾向**。也許是基於他們希望訊息看起來更醒目的心態。

在日文當中，男女的用字遣詞有相當明確的區分，只要留意用語，其實不難推論作者的性別。即使不看用字遣詞，只要多加留意其他資訊，以及是否有使用潤飾符號，也能夠輕易判斷出作者是男性還是女性。

戀愛 **這句話很加分！**

對於♂，「**簡單回覆就好。**」，事先告知他不必回花俏的訊息，男人也會輕鬆許多。

對於♀，「**這個表情符號好可愛~（笑）**」，可以用表情符號開啟與她的話題。

36

男人的衣服顏色為何比較單調？

男女心理學

男人偏愛低調簡單
×
女人偏愛高調鮮豔

女人偏愛顏色繽紛

送禮物給女人的時候，最好盡量挑選五彩繽紛的花色，如果連包裝紙也精挑細選過，她們會更高興。

男人的喜好基本上很單純，也可以說他們偏愛保守簡單的配色。只要母親為自己做的便當裡，放著像是香腸和漢堡排等自己愛吃的配菜，男孩就絕不會有怨言。

女孩則喜歡放了生菜沙拉、厚蛋燒等充滿鮮豔多彩配菜的便當。就算是愛吃肉的女孩，即使拿到滿滿都是肉，但沒有配色可言的便當，依然會向媽媽抱怨。

美國耶魯大學醫學系教授華特・阿尼安（Walter Anyan）找來七十位五、六歲的孩童，逐一給他們看各式各樣的色卡，請他們回答顏色名稱。[52] 結果有十一位男童完全答不出來，而女童則是全數答對。研究明確顯示，女童對於色彩的知識遠勝過男童。**女性從小就熟知各種色彩。**這是因為她們對色彩敏銳度較高的緣故。

除了人類之外，某些特定動物也有相同特性。自然界某些鳥類，也是母鳥偏愛鮮豔色彩，公鳥必須送花俏的禮物給母鳥，才有交配的機會。即使在動物界中，偏愛繽紛的色彩也多是雌性。

男人對色彩的敏感度低

有種職業是「色彩規劃管理師」，職務內容是運用色彩知識，給予各種色彩搭配建議，從事這種職業的男女比例是二比八。看來色彩果然是女性的強項。

或許是因為男人不像女人那麼注重色彩。他們天生就對色彩不太感興趣，可想而知，他們對於色彩規劃管理也是興趣缺缺。

可能有些讀者會持反對意見：「也有男生愛穿色彩鮮豔的衣服」。男人之中的確也有喜歡鮮豔色彩的人，但是跟女人比起來，依然佔壓倒性的少數。放眼時尚圈的男人，服裝也是以灰色和黑色西裝居多。跟女人比起來，顯得樸素許多。

儘管如此，世上的男人也不以為意。大概對他們來說，色彩根本就無關緊要。

戀愛

這句話很加分！

對於♂，**「紅色應該很適合你吧？」**，如果他沒勇氣嘗試新的打扮，可以從旁給予鼓勵。

對於♀，**「妳簡單的打扮就很好看。」**，如果她的打扮越來越花俏，不妨這麼告訴她。

37

大部分女人對運動賽事沒興趣？

男女心理學

男人天生愛運動 × 女人愛看運動比賽

男女都愛觀看節奏明快的運動

男人很喜歡棒球。相信許多男性都是職棒迷，甚至能對每場比賽如數家珍。女性職棒球迷相對來說比較少。**可是在觀看運動競賽方面，男女之間並不存在差異。**讓男性看了感到興奮刺激的運動競賽，女性看了也同樣能樂在其中。

各位知道男女雙方最愛觀看的運動競賽是什麼嗎？答案是「籃球」。可能是籃球的得分節奏明快，球員也會迅速轉換攻守角色，所以看了完全不會想打瞌睡。

美國普渡大學的研究員沃倫．布盧曼菲爾德（Warren S. Blumenfeld），調查九百六十四位男性和一千零三十六位女性對於十一項運動競賽的觀賽喜好。[53]

研究顯示，男女最愛觀看的運動競賽是「籃球」，約有三十六%的受訪者喜愛看籃球比賽。附帶一提，第二名是美式足球（三十一%），第三名是棒球（十%）。另一方面，讓大家覺得無聊的運動競賽項目，分別是游泳和業餘摔角。

參考這份研究資料，我在此建議各位男性讀者，可以約女性一起去看籃球賽。

籃球的規則既不複雜，得分節奏也很明快，能夠享受到許多緊張刺激時刻。籃球的比數不可能出現零比零，雖然零比零是足球賽中很常見的比數，可是籃球比賽中絕不可能出現。儘管雙方呈現拉鋸戰，比數落差也會在幾十分上下。

不是對運動沒興趣，是對你沒興趣

各位男性讀者約心儀的女性出遊時，最好事先調查對方的喜好，如果她是職棒迷，就約她去看職棒賽，如果她對游泳感興趣，去看游泳競賽也無妨。

基本上只要依對方的喜好開口邀約，對方說ＯＫ的成功率就會很高。至於事前沒調查的人，可以選擇去看籃球、美式足球和棒球等安全牌。

當然大家難免也會碰到對方怎麼約就是約不出來的情況。遺憾的是，與其說她是對運動賽事沒興趣，不如說她是對你沒興趣。**如果開口邀約對方三次，對方都沒有給出正面回應，請直接乾脆的放棄吧。**

戀愛 **這句話很加分！**

對於♂，**「你平常喜歡做什麼運動呢？」**，試著體驗他喜歡的運動吧，過程中也能拉近距離。

對於♀，**「陪我一起去運動吧。」**，替她製造運動的契機，也許她會喜歡上這項運動。

38

吵鬧環境容易讓女人感到煩躁？

男女心理學

女人對聲音很敏感
×
男人較能容忍噪音

男人對噪音的容忍度高於女人

每當街上進行道路施工時，就會「轟隆隆隆……」吵上好幾個小時。雖然不絕於耳的噪音會讓人焦躁難耐，但是男人對於噪音的不悅感通常低於女人。男人較能容忍噪音，即使是非常刺耳的聲音，男人也不甚在意。

女人對於噪音相當敏感，甚至到了神經質的地步。**有些女人敏感到一聽到噪音就**

會開始煩躁，變得情緒化，脾氣忍不住就上來。

美國紐約州立大學牙醫系教授諾曼・科勒（Norman L. Corah），找來二十位男女，請他們各自戴上耳機，並播放「鏘」的巨大噪音，測試噪音對他們造成的不悅程度。[54]所有實驗者都對噪音感到不舒服，男性實驗者也會對噪音產生煩躁感。然而他們的不悅程度卻遠遠小於女性。同樣是噪音，但男性的在意程度卻比女性低，因為他們對於聲音比較遲鈍。

假設公司辦公室內因故必須施工，也不太會影響到男職員的辦公效率。畢竟他們對於噪音很鈍感，因此能一如往常地辦公。但女職員會感到深受其擾。就算是平時親切和藹的女人，身處在充滿噪音的環境中，也會出現煩躁、口氣惡劣、工作效率大幅下滑的情況。

與其去鬧哄哄的地方約會，不如選安靜的地方

男人在戲院聽到震耳欲聾的音效時，往往會興高采烈的覺得「果然比在自家觀賞更過癮呢」。但也有不少女人認為音效很吵，反而感覺很不舒服。**畢竟女人對於聲音**

的敏感度高於男人。

就算在居酒屋遇見喝到酩酊大醉、大聲喧譁的醉漢，男人也不會放在心上，甚至享受店內人聲鼎沸的熱鬧氣氛。但女人偏愛去安靜的地方喝酒。因此，即使是喜歡熱鬧場所的男人，想約女性出去時，建議還是盡量選擇安靜或播放輕音樂的店，這樣就不用擔心會招惹女性的反感。

家庭 **這句話很加分！**

對於♂，**「我喜歡安靜的地方。」**，直接告訴他自己不喜歡吵鬧的環境。

對於♀，**「我去跟鄰居講看看。」**，別一味要求她忍耐噪音，試著將心比心。

39

女人的衛生習慣比較好？

男女心理學

男人不在乎髒亂 × 女人容易有潔癖

女人活得比男人更戰戰兢兢

女人比較容易有潔癖。有不少女性排斥用手觸摸電車欄杆、電扶梯扶手，也不敢喝餐廳的水，甚至遇到下雨天返家時，非得用衛生紙將噴濺到鞋子上的汙泥擦乾淨才肯罷休。

我想應該有很多獨居的男人，即使面對滿屋子垃圾也絲毫不在意。的確有些女人的房間也很髒亂，但比例上卻沒有男人高。雖然在我們的生活周遭已經有很多能證明女人比較有潔癖的例子，但還是向各位介紹能佐證這種說法的研究吧。

美國布萊德利大學心理學教授大衛・施米特（David Schmidt），針對世界五十五個國家，總計超過一萬七千人的男女進行大規模的性格調查（當然也包含日本在內）。[55] 施米特調查男女性格的差異後，做出女人比較有潔癖的結論。

為什麼是這樣呢？雖然理由眾說紛紜，但有一派說法是**女人皮膚的抵抗力天生比男人差，必須保持整潔才不容易生病**。也就是說，髒亂比較容易對女人的生命造成威脅。

男人的身體天生比女人健壯，就算在不太整潔的生活環境中，也不足以構成生命威脅。因此即使環境有點髒亂，他們也視若無睹，認為沒必要保持高度整潔。同時，女人也比較在意世俗的眼光。畢竟邋遢骯髒的外表有損自身魅力，無法維持良好的人際關係，因此得隨時保持自身的整潔。這或許也是女人易有潔癖的原因之一。

潔癖，是為了預防各種疾病

男人不介意用同個杯子重複飲用果汁和啤酒，但女人比較不能接受這種行徑。

家裡有個正值青春期女兒的父親，都曾有過這樣的經驗：女兒會嫌父親泡過的洗澡水很髒，還堅持衣服要跟父親的衣物分開洗，簡直把父親當成了黴菌。相比之下，兒子比較不會有這麼誇張的反應。

從歷史演化的角度來說，女人的潔癖是為了預防各種疾病，以免生命受到威脅。此外從社交上來看，保持整潔的女性也比較受歡迎，所以有點潔癖也無可厚非。

對男人來說，女人對於整潔的標準會讓他們想抱怨「不必那麼神經兮兮吧」，但是對女人來說，她們真的無法忍受。

家庭

這句話很加分！

對於♂，**「那我先來收拾囉！」**，看不下去的話，別認為「自己打掃很吃虧」，直接去做吧。

對於♀，**「我有帶衛生紙和溼紙巾，需要嗎？」**，在她面前展現出清爽乾淨的形象吧。

40

哪個身體部位可以展現她的真實個性？

男女心理學

「男人的好動體現在運動
×
好動的女人成績也很好」

想知道她的真實個性，就看「膝蓋」

每個人受傷跟遭逢事故的頻率，跟本身的「活動性」有關。

有些孩子總是靜不下來，喜歡到處跑來跑去。因此生性好動的小孩也比較容易受傷或是遭逢意外。

男人和女人的好動程度，天生就存在差異性。觀察剛出生的小嬰兒就會發現，仰躺在嬰兒床上手舞足蹈的往往都是小男嬰，小女嬰多半比較安靜，乖乖睡覺的時間比小男嬰長得多。

加州公共衛生署研究員狄恩・曼海姆（Dean Mannheimer），曾調閱加利福尼亞州國小到國中保健室的健康紀錄，調查比較容易受傷或遭逢意外的孩子類型。[56]結果顯示，經常受傷去保健室的孩子，果然以男孩壓倒性居多。

於是曼海姆進一步詢問家長，孩子跟朋友一起出去玩的頻率，還有是否會在自家玩摔跤遊戲，結果還是以男孩居多，因為男孩天性較為好動。但女孩之中也不乏好動的野丫頭。曼海姆也發現，活潑好動的女孩受傷跟遭遇意外的比例，其實跟男孩一樣高。

話雖如此，無論是個性多麼活潑好動的女孩，個性會隨著年歲漸長趨於穩重。至於該用什麼方法判斷女人小時候的個性是文靜還是好動呢？在這裡提供一個準確度很高的判斷方法。

那就是偷偷觀察那位女孩的膝蓋頭。

在小時候調皮好動，喜歡跑來跑去的女孩，通常很容易跌倒擦傷膝蓋，所以膝蓋頭上多少會殘留下淡淡的疤痕。

由此可見，生性好動，即使坐在椅子上，屁股也會不安份地扭來扭去的孩子，受傷跟遭遇意外的機率很高，家長們需要特別注意。這類孩子長大後去工廠等地方上班時，操作機械遭遇意外傷害的可能性也很高，在工作方面需要格外小心。

活潑好動的女孩也很會唸書

大家普遍認為，男孩的活動力比女孩高。但這是個誤解。如果就個別來看，活動力高的女孩也不在少數。而且有份數據顯示，**好動的女孩學業成績較為優異**，相當耐人尋味。

美國菲爾斯研究中心的研究員艾雪・巴特魯（Escher Battle），調查一批出生起就開始參與心理學某項計畫的男孩和女孩們，除了檢測他們的活動力以外，同時也調查他們的學業成績。[57]

結果顯示，好動的男孩學業成績較差。那些無法安靜上課，休息時間喜歡在校園內奔跑嬉戲的頑皮男孩，成績通常不太理想。這也是意料中的結果。

然而女孩的部份，卻出現了有趣的現象。跟男孩一樣調皮好動，喜歡在戶外跑來跑去的野丫頭，學業成績反而偏高。不可思議的是，熱愛運動到汗流浹背的女孩，考試成績居然比喜歡乖乖坐在椅子上看書的女孩還要好。

我想是因為**活動力其實跟幹勁和積極性也有關連**。活動力高的女孩，面對唸書也能湧現幹勁，所以也連帶提升了學業成績吧。

男孩更該培養自我控制力

然而，為什麼男孩天生的活動力，無法跟學習的幹勁連結在一起呢？這點讓人百思不得其解。

活動力高的女孩，對於任何事都會積極投入，像是運動、玩樂等，當然唸書也是。相反的，**男孩的活動力只會跟運動和玩樂產生關聯**。因為他們一遇到唸書，大腦的活力開關就會關閉。

個性太活潑的女孩，往往會被父母規勸：「妳是女孩子，應該更文靜點。」但活力充沛的女孩，在各方面的表現都有不錯的表現，所以父母應該要好好規勸的對象，其實是男孩，天生精力滿滿的男孩，更該學習自我控制的能力。

家庭

這句話很加分！

對於♂，**「你玩的時候要多注意點。」**，不厭其煩的對活力充沛的兒子再三叮嚀，其實才是恰到好處。

對於♀，**「運動跟學業都好好加油吧。」**，沒必要偏重於哪個方面，女兒運動和課業都可以兼顧發展。

41

女人為什麼總是想要再瘦一點？

男女心理學

男人對身材缺乏自覺×女人總對身材不滿意

沒有女生滿意自己的大腿

男性對於自身頭腦跟魅力，都會給予很高的自我評價。那他們對於身材的自我評價又是如何呢？

其實男人對於身材的自我評價也很高。更精確的說，是女人對於身材的自我評價太低。男人不會對自己的外表動輒感到不滿。然而女人卻常常渴望自己「眼睛再大一點」、

「腿更細一點」等，幾乎對全身上下都不滿意。

美國阿帕拉契州立大學心理學博士丹妮絲・馬茨（Denise Martz）在網路上招募超過四千名成年男女，詢問他們對於自己身材的看法。[58] 結果發現不滿意身材的男人僅有二十八・一%，相比下女人則高達七十一・九%。由此可見，三成男性和七成女性不滿意自己的身材。

其他研究也呈現類似的結果。

美國科羅拉多州立大學心理學博士溫蒂・霍特（Wendy D. Hoyt）調查男女對於身材感到不滿意的部分，研究顯示女人不滿意「大腿」的比例高達四十八・四%，「肚子」佔了四十七・五%，「臀部」則為二十三・九%。[59]

男人對自己身材的不滿程度遠低於女人。根據霍特的調查，男人頂多在交往不順遂時，才會對身材感到不滿（三十八・六%），女人卻不太會（十九・七%）。

女人們聊天時，經常會爭相抱怨自己的身材，像是「我最近手臂變粗了」、「我才是，都有小腹了」，簡直就像在炫耀自己的缺點。

但如果觀察那群滿口抱怨的女人，就會發現她們根本不胖。

抱怨身材的真正動機

為什麼女人會貶低自己的身材呢？我想是因為這份不滿足，最終會轉化為「必須變得更漂亮」的動力吧，因為不滿足是人類進步的原動力。

如果我們滿足現況的話，就不會產生改善、精進自我的念頭。**女人是為了讓自己更有魅力，透過「對自己不滿」，來獲得自我磨練的動機。**所以女人總是對自己的身材不滿意，絕不是消極的表現，而是提高進步動力的一種手段。

家庭

這句話很加分！

對於♂，**「你最近是不是胖了？」**，當男人對自己的身材太過寬容，可以適時提醒他。

對於♀，**「為了健康一起開始運動吧？」**，用這種委婉的話來取代直接說「妳變胖了」。

42

家中排行會影響女人的個性？

男女心理學

男人貫徹始終×女人彈性思考

女人猶豫時容易改變選項

大家在考試的時候，經常面臨必須從選項當中二擇一的情況。最初選的選項也許是正確答案，可是別的選項好像也有道理。自己應該在答案卷上寫下新選項，還是最初的選項呢？令人感到苦惱不已。

面對這種難以抉擇的時刻，**改變自己最初的決定，寫下新選項的往往都是女人。**

至於男人，不太會改變自己最初選擇的答案。

美國愛荷華州立大學心理學教授約翰．貝斯（John Bath），利用教育心理學期末考的答案卷，進行了一項有趣的研究。[60]

這年的期末考是採用一百道有四個選項的單選題。貝斯透過答案卷上的橡皮擦擦痕，分析每位學生在猶豫不決時更改答案的程度。結果發現，女人更改選項的頻率較高。

由於男人不太會改變最初的判斷，所以答案卷上的橡皮擦擦痕很少。可是女人通常是開頭選A，然後改B，最後選了D，因此留下很多擦痕。

女人在猶豫的時候，傾向會做出新的判斷，而且她們通常覺得新的判斷應該比較正確。**男人面對內心迷惘不知所措的時刻，傾向的心態則是「乾脆維持最初的選擇吧」**。他們不會像女人那樣一改再改。

是「優柔寡斷」也是「彈性思考」

該說是女人的思考較有彈性，還是男人的頭腦頑固死板呢？這點很難下斷言。但可以確定的是，女人不像男人對自己那麼有自信。跟迅速做決斷、不會更改選擇的男人比起來，女人的確比較優柔寡斷，容易遲遲無法下定決心。

順道一提，去餐廳點餐的時候，男人決定好自己想吃的餐點時，女人通常還在猶豫不決。「要點義大利麵嗎？啊、焗烤飯看起來也很好吃……嗯～今天果然還是點午間套餐好了。」**女人會像這樣不斷改變心意，而且奇妙的是，她們最後往往會捨棄最初的選擇**。男人則不太會如此。

至於這點是好還是壞，必須視情況而定。女人很快就轉變心意，也是有利有弊。從另一個角度來說，男人以頑固又保守者居多。相較之下，女人的想法富有彈性，態度就像水一樣柔軟。

也有些女人的頑固程度，絲毫不輸給男人。她們擁有自成一套的規矩，對悖離規矩的言行舉止採取嚴厲的態度。除此之外，她們也跟男人一樣會堅持己見，流露出強勢的形象。

面對素昧平生的女性，我們該如何判斷她的個性是否強勢呢？其實只要問：「**妳有幾個兄弟姊妹？**」就可以窺知一二。

美國俄亥俄衛斯理大學的研究員亞歷克斯・海爾高德納（Alex Heirgartner），調查家中的排行順序與性格的關聯性，**發現「長女」的保守跟固執程度高於「中間子女」（老二、老三）和「老么」。**[61]

由此可見，如果她回答：「我有一個妹妹。」就能明白身為長女的她，性格八成比較頑固。

長女的個性最固執

根據海爾高德納的調查，男人的個性不會因為家中排行順序產生差異。無論是長男還是次男，只要是身為男人，都有固執的一面。

為什麼女人之中，只有長女比較固執呢？原因出在父母的管教跟教育。

由於長男和長女，都是父母的第一個小孩，容易被寄予厚望和嚴格管教。父母會不厭其煩的教導他們禮貌和規矩，包括讀書都會嚴加指導。長女經歷過這種教育的洗禮後，就會慢慢培養出固執的個性。

然而對於次女和么女，父母會逐漸失去管教的熱忱，開始嫌麻煩，索性把「沒有父母，小孩也會長大」的行為正當化，逐漸採取自由放任的教育。所以**家中排行越後面的女性，性格中多少會較為自由悠哉**。

職場

這句話很加分！

對於♂，**「讓我們回歸初衷吧！」**，當討論陷入僵局，試著確認他的最初原意吧。

對於♀，**「再多考慮一下吧？」**，盡量給需要多想一下的她消化的時間吧。

43

容易有初戀情結的為什麼是男人？

男女心理學

男人會因為沒做而後悔 × 女人會因為做了而後悔

比起「買了」，「沒買」的後悔更強烈

在心理學上將「後悔」分成兩種。一種是對於「做了」的事所衍生的後悔，另外一種是對於「沒做」的事所衍生的後悔。至於後悔的感受強弱（亦即內心的煎熬程度），後者通常會遠高於前者。

舉例來說，去國外旅行時，看到了讓人很想要的民間工藝品。在心理學上，毫不猶

豫買下來才是正確做法。因為如果買了，就算回國之後會對於「為什麼當時要買這麼奇怪的擺飾」而感到後悔，但過沒多久就會釋懷。反之，如果當初沒有買下，事後往往會感到後悔莫及。能買卻沒買的情況，會讓人產生強烈的後悔感，並時時冒出：「早知道就買了」的想法。**比起「買了」衍生的後悔，「沒買」的後悔更加強烈**。

戀愛方面也是如此。遇到心儀的對象，儘管心知肚明告白會失敗，還是下定決心跟對方告白比較好。就算告白被拒絕，可能會陷入低落，或是感到後悔的痛苦中，但不久後就會豁然開朗。然而「不敢告白」所衍生的後遺症，很可能會讓人痛苦一輩子。「為什麼當時沒有告白」所衍生的後悔，會沒完沒了地延續下去。所以與其如此，我奉勸各位讀者，還是放膽跟心上人告白吧。

男人容易念念不忘「沒有告白」的戀情

社會心理學家尼爾・羅塞（Neal Roese）證實，男人在戀愛方面的後悔經驗多過女人，同時也指出後悔的原因多半是因為「沒有告白」。[62]

想告白卻沒有告白的男人，會持續懊惱下去，而且有非常多的男人會選擇「不告白」。所以男人在戀愛上的後悔經驗才會多於女人。

如果男人不希望在戀愛之路徒留遺憾，最好趕快告白。雖然告白成功與否取決於對方的反應，結果是完全的未知數，但唯一能確定的是，不告白也不會讓你比較好過。一旦告白，抱得美人歸的可能性起碼大於零；不告白，交往的可能性絕對是零。

由此可見，主動告白不僅較有男子氣概，也會減少事後懊惱不已的可能性，可以說是一舉兩得。

職場 **這句話很加分！**

對於♂，**「直接去做吧！」**，在他猶豫的時候，率先推他一把去做吧。

對於♀，**「當成學經驗也不錯吧。」**，為了讓她積極向前，在一旁鼓勵吧。

44 女人更容易持續進步？

男女心理學

「男人較有衝勁×女人越挫越勇」

男人容易輕言放棄

在職場上遭遇到挫敗時，有人很快就會說「已經沒救了」的喪氣話，但也有人會越挫越勇的說：「下次再接再厲，就會成功！」

我原以為男人多半屬於努力奮鬥的類型，女人較容易放棄，然而某份心理研究卻令我跌破眼鏡。

男人比女人還要容易輕言放棄。

美國普渡大學商管系教授黛德拉・施萊歇爾（Deidra Schleicher）針對超過七千名男女，分兩天舉行智力測驗。施萊歇爾想知道第一天考試成績不理想的人，是否會在隔天考試中加倍努力提升成績，亦或是失去幹勁導致成績下滑。[63]

結果顯示無論男女，若是第一次考試成績不盡理想，都會好好努力準備第二天的測驗。但仔細觀察後發現，女人的「成績成長率」卻高於男人。

看來，男人沒有女人那麼認真準備。男人傾向自暴自棄的想：「算了。反正第一次測驗考得也不太理想……」，然而女人卻會告訴自己，因為第一次測驗搞砸了，這次一定要考好，然後積極努力準備考試。

這份研究結果只能算是通論，男人之中也不乏願意努力的人，只是相對來說，**女人較願意在經歷挫折後加倍努力**。如果男性在一開始就遭遇到挫折，往往就會失去幹勁。

男人面對比賽，會產生「只許成功不容失敗」的心態，因此他們格外無法接受失敗，就算參加敗部復活賽也一樣提不起幹勁。他們一遇到失敗，心情就會一蹶不振。

女人擁有堅韌的意志

女人歷經挫敗後，就會在內心燃起「再接再厲」的鬥志。由此可見，**女人的心理韌性遠高於男人**。

我發現不少男性職業運動選手，在遇到競爭對手率先取得一分、剛起步就跌倒等出師不利的情況後，表現就會急轉直下，最後在一蹶不振的狀態下輸掉比賽。而女人儘管稍居劣勢，也能立刻重振旗鼓，獲得逆轉勝的大好結局。

至少從施萊歇爾的研究可以得知，「女人心理韌性不如男人」的論點是大錯特錯。

職場 **這句話很加分！**

對於♂，**「先別執著失誤，再接再厲吧！」**，別讓他一味沉溺在悔恨中，替他轉換心情。

對於♀，**「妳覺得哪邊需要改進？」**，幫助她整理思緒，以面對下次的挑戰。

45

男人女人誰更有「創意」？

男女心理學

男人凡事講求合乎常理
×
女人的想法天馬行空

女人擁有靈活的創意

男人的思維普遍傾向合乎常理、保守和死板，很難想出獨特有趣的企劃案和點子。然而女人富有彈性思考能力，善於構思獨一無二的點子。女人開發的商品和服務，往往接二連三的大獲成功。某些企業為了在商場上不落人後，甚至會成立女性企劃團隊，將開發商品的工作全權委派給女性處理。

實際上，**心理學的研究資料同樣顯示，女人的「創造力」較高。**

加拿大滑鐵盧大學心理系教授肯尼斯・包威斯（Kenneth Bowers）找來六十位男女大學生，請他們進行九個創造力測驗（假設地球重力變成目前的一半，請大家自由想像會產生什麼樣的結果，越是突發奇想，越能拿到高分），藉此調查男性和女性的創意程度。[64] 結果證實，女人的創造力遠遠凌駕男人之上。

由於男人重視合乎常理，因此想不出「任憑誰也想像不到的點子」。換句話說，他們只會提出一些安全但無聊的點子。

男人練習坦率接受新思維吧！

根據《週刊女性》的報導，二〇一五年上半年的熱銷商品「南阿爾卑斯的天然水（優格風味）」、「沙拉調理粉」、「全腳按摩器」等上述商品的開發者，清一色都是女性。

或許是因為男人容易被既有價值觀束縛，間接阻礙他們彈性思考的可能性。站在男人的角度來看，他們會把脫離常軌的想法視為「異端」，甚至會心生排斥。**天馬行空的點子，會讓他們腦海中不自覺浮現「荒謬透頂」跟「以前沒做過」的想法。**由於男人很難跨越自己內心的關卡，所以想不到與眾不同的創意點子，也是莫可奈何的事。

若男人渴望提高創意力，就必須擁有「不管是多無聊的念頭，都能坦然接受」的寬闊胸襟。當女人喊著「啊，這個設計好可愛」時，男人應該坦率的給予認同，儘量避免搬出艱深的道理或試圖分析。因為一旦開始分析，態度難免流於批判和否定。

男人的思考容易流於僵化，很容易對新事物採取批判、否定的態度，只要養成接納一切事物的習慣，男人也能擁有彈性思考的能力，無論是發想還是企劃能力，都會有顯著的提升。

職場

這句話很加分！

對於♂，**「實務上要怎麼做呢？」**，藉由他客觀的觀點讓創意實體化吧。

對於♀，**「妳直覺想到什麼呢？」**，她神來一筆的靈感可能會成為突破口。

46 男人為什麼隨便穿個拖鞋就出門約會？

男女心理學

男人是個人主義
×
女人是集團主義

男人覺得自己輕鬆最重要

基本上男人滿腦子只有自己，換言之就是「個人主義」，只要自己方便，別人怎麼樣都無所謂。

女人則是恰好相反。她們非常在意他人眼光，也會留意別人的想法，也就是所謂的「集團主義」。

心理學家雷・卡森（Rae Carlson）找來一群十八歲到四十五歲的男女，給他們看各種形容詞後，請他們挑選出最能描述自己性格的形容詞。[65]

結果男人偏愛的形容詞為「野心勃勃」、「自信滿滿」、「精力充沛」、「知性」，全都是個人主義色彩濃厚的形容詞。

那麼女人又是如何呢?女人認為最能描述自己的形容詞是「友善」、「體貼」、「有共感力」、「溫和」，都是強調合群的形容詞。

男人活在自己的世界裡面，他們不太會在意別人的想法。所以，他們也不太注重服裝儀容，而是以自己舒適輕鬆為第一優先。由於他們根本不在意別人的眼光。即使隨便亂穿就出門，也不會覺得丟臉。

女人則鮮少如此，普遍來說她們至少都會做最低限度的打扮。**由於她們非常在意別人的眼光，所以不得不注重服裝儀容，只會在家中隨便亂穿。**

世上沒有完全不打扮的女人

雖然近年來不少年輕男性開始懂得打扮，但以整個群體來說，注重程度依然不及女人。畢竟男人傾向個人主義，所以他們對於服裝的要求，低到不會被嫌髒就好。滿腦子只有自己的男人，不太會把其他事情放在眼裡。

還有一點，舉凡男性研究家和學者，多半都是滿腦子只想著研究題目，對於自身服裝和髮型也漠不關心的類型。女性學者雖然也熱愛追求知識，卻不會跟男性研究者一樣不修邊幅，她們多少會顧慮到儀容，這點也是證據之一。

戀愛 **這句話很加分！**

對於♂，**「如果你認真打扮起來，應該會很帥氣呢！」**，委婉的建議他改變穿著吧。

對於♀，**「妳今天好像有點不一樣呢？」**，察覺出她身上的細微變化，會讓她感到開心。

後記

不久前，社會上曾掀起一股「男腦」、「女腦」的熱潮。由於我並非腦科學專家，不清楚兩性在大腦構造和機能的差異，但身為心理學家的我，可以分析男人和女人之間思維和行動模式的差異。

本書是以我認為「有趣的研究」為核心，用個人隨筆的筆調來介紹兩性差異。

雖然書中提出諸多「性別差異」的研究結果，但我想向大家呼籲，**與其說兩性間存在許多差異性，但實際上兩性間存在著更多共通性**。畢竟同為人類，共通性多於差異性也是理所當然的事。

雖然我在執筆期間，都是挑選彰顯出男女差異的研究來介紹，但證實「男女之間並無差異可言」的研究，更是多如繁星。

無論男女，看到美麗的繪畫都會感動，閱讀悲傷的小說都會流淚，經歷結婚生子都會感到喜悅，被人瞧不起都會憤怒。也有心理學者主張，**由於男女之間有太多相似**

之處，即使某些方面會感受到明顯差異，但充其量只是些微的誤差而已。

我並不樂見各位讀者看完本書後，產生「男女來自於不同星球」的誤解，所以想跟各位讀者鄭重澄清這點。雖然我也想針對男女間的共同點做更進一步的論述，但礙於篇幅有限無法多做說明，讓我不免擔心本書是否太過強調男女之間的差異性。

其實男女的相似度高到驚人，因此男人不需要對女人感到戰戰兢兢，女人同樣也不需要對男人抱著難以溝通的想像。因為彼此同為人類，能夠互相理解的部份，一定會比無法理解的部份多很多。

我想借此版面，感謝大和書房編輯部的種岡健先生於撰稿期間對我的關照。雖然不曉得本書是否符合種岡先生的期待：「針對男女間的差異進行淺顯易懂的說明」，但我很感謝他惠賜我重新反思男女差異的機會。

最後感謝各位讀者一路閱讀到這裡，期待日後再相見。

內藤誼人

參考文獻

Chapter 1

1. Carlson, R. 1971 Sex differences in ego functioning: Exploratory studies of agency and communion. *Journal of Consulting and Clinical Psychology* ,37, 267-277.
2. Haber, L., & Iverson, M. A. 1965 Status maintenance in communications from dyads with high and low interpersonal comparability. *Journal of Personality and Social Psychology* ,1, 596-603.
3. Rivenbark, W. H. III 1971 Self-disclosure patterns among adolescents. *Psychological Reports* ,28, 35-42.
4. Fletcher, G. J. O., Kerr, P. S. G., Li, N. P., & Valentine, K. A. 2014 Predicting romantic interest and decisions in the very early stages of mate selection: Standards, accuracy, and sex differences. *Personality and Social Psychology* Bulletin ,40, 540-550.

5. Furnham, A., Crawshaw, J., & Rawles, R. 2006 Sex differences in self-estimates on two validated IQ test subscale scores. *Journal of Applied Social Psychology* ,36, 417-440.

6. Lustman, M., Wiesenthal, D. L., & Flett, G. L. 2010 Narcissism and aggressive driving: Is an inflated view of the self a road hazard? *Journal of Applied Social Psychology* ,40, 1423-1449.

7. Levin, J., & Arluke, A. 1985 An exploratory analysis of sex differences in gossip. *Sex Roles* ,12, 281-286.

8. Ratliff, K. A., & Oishi, S. 2013 Gender differences in implicit self-esteem following a romantic partner's success or failure. *Journal of Personality and Social Psychology* ,105, 688-702.

9. Pierce, L., Dahl, M. S., & Nielsen, J. 2013 In sickness and in wealth: Psychological and sexual costs of income comparison in marriage. *Personality and Social Psychology* Bulletin ,39, 359-374.

10. Cohen, M. R. 1997 Individual and sex differences in speed up handwriting among

with school students. *Perceptual and Motor Skills* ,84, 1428-1430.

11. Honeycutt, J. M. 1989 Effects of preinteraction expectancies on interaction involvement and behavioral responses in initial interaction. *Journal of Nonverbal Behavior* ,13, 25-36.

12. Wallbott, H. G. 1988 Big girls don't frown, big boys don't cry-gender differences of professional actors in communicating emotion via facial expression. *Journal of Nonverbal Behavior* ,12, 98-119.

13. Grossman, M., & Wood, W. 1993 Sex differences in intensity of emotional experience: A social role interpretation. *Journal of Personality and Social Psychology* ,65, 1010-1022.

14. Mathison, D. L., & Tucker, R. K. 1982 Sex differences in assertive behavior: A research extension. *Psychological Reports* ,51, 943-948.

15. Rassin, E., & Muris, P. 2005 Why do women swear? An exploration of reasons for and perceived efficacy of swearing in Dutch female students. *Personality and Individual Differences* ,38, 1669-1674.

16. Jones, F., O'Connor, D. B., Conner, M., Ferguson, E., & McMillan, B. 2007 Impact of daily mood, work hours, and iso-strain variabiles on self-reported health behaviors. *Journal of Applied Psychology* ,92, 1731-1740.
17. Gerard, H. B., Wilhelmy, R. A., & Conolley, E. S. 1968 Conformity and group size. *Journal of Personality and Social Psychology* ,8, 79-82.
18. Endler, N. S. 1966 Conformity as a function of different reinforcement schedules. *Journal of Personality and Social Psychology* ,4, 175-180.

Chapter 2

19. Guardo, C. J. 1969 Personal space in children. *Child Development* ,40, 143-151.
20. Smith, G. F., & Adams, L. 1982 Sex and time of day as determinants of whether people enter the cafeteria together or alone. *Psychological Reports* ,51, 837-838.
21. Fisher, J. D., & Byrne, D. 1975 Too close for comfort: Sex differences in response to invasions of personal space. *Journal of Personality and Social Psychology* ,32, 15-21.

22. Boneva, B., Kraut, R., & Frohlich, D. 2001 Using E-mail for personal relationships. *American Behavioral Scientist* ,45, 530-549.

23. Colley, A., Todd, Z., White, A., & Turner-Moore, T. 2010 Communication using camera phones among young men and women: Who sends what to whom? *Sex Roles* ,63, 348-360.

24. Pedersen, D. M., & Frances, S. 1990 Regional differences in privacy preferences. *Psychological Reports* ,66, 731-736.

25. Stevens, C. K., Bavetta, A. G., & Gist, M. E. 1993 Gender differences in an acquisition of salary negotiation skills: The role of goals, self-efficacy, and perceived control. *Journal of Applied Psychology* ,78, 723-735.

26. Ables, B. 1972 The three wishes of latency age children. *Developmental Psychology* ,6, 186.

27. Bronfenbrenner, U. 1970 Reaction to social pressure from adults versus peers among Soviet day school and boarding school pupils in the perspective of an American sample. *Journal of Personality and Social Psychology* ,15, 179-189.

28. Constantinople, A. 1970 Some correlates of average level of happiness among college students. *Developmental Psychology* ,2, 447.

29. Hai, D. M., Khairullah, Z. Y., & Coulmas, N. 1982 Sex and the single armrest: Use of personal space during air travel. *Psychological Reports* ,51, 743-749.

30. Summers, T. P. 1988 Examination of sex differences in expectations of pay and perceptions of equity in pay. *Psychological Reports* ,62, 491-496.

31. Crandall, V. C., & Gozali, J. 1969 The social desirability responses of children of four religious-cultural groups. *Child Development* ,40, 751-762.

32. Mast, M. S., & Hall, J. A. 2006 Women's advantage at remembering others' appearance: A systematic look at the why and when of a gender difference. *Personality and Social Psychology Bulletin* ,32, 353-364.

33. Lin, Y., & Rancer, A. S. 2003 Sex differences in intercultural communication apprehension, ethnocentrism, and intercultural willingness to communicate. *Psychological Reports* ,92, 195-200.

34. Parks, M. R., & Floyd, K. 1996 Making friends in cyberspace. *Journal of*

Communication ,46, 80-97.

Chapter 3

35. Baxter, L. A. 1981 Gender differences in the hetero-sexual relationship rules embedded in break-up accounts. *Journal of Social and Personal Relationships* ,3, 289-306.

36. Harris, C. R. 2002 Sexual and romantic jealousy in heterosexual and homosexual adults. *Psychological Science* ,13, 7-12.

37. Bleske-Rechek, A. L., & Buss, D. M. 2001 Opposite-sex friendship: Sex differences and similarities in initiation, selection, and dissolution. *Personality and Social Psychology Bulletin*, 27, 1310-1323.

38. Jonason, P. K., & Fisher, T. D. 2009 The power of prestige: Why young men report having more sex partners than young women. *Sex Roles* ,60, 151-159.

39. Kephart, W. M. 1967 Some correlates of romantic love. *Journal of Marriage and the Family* ,29, 470-479.

40. Cimbalo, R. S., & Novell, D. O. 1993 Sex differences in romantic love attitudes among college students. *Psychological Reports* ,73, 15-18.

41. Schmitt, D. P. 2003 Universal sex differences in the desire for sexual variety: Tests from 52 nations, 6 countries, and 13 islands. *Journal of Personality and Social Psychology* ,85, 85-104.

42. Hall, J. A. 1978 Gender effects in decoding nonverbal cues. *Psychological Bulletin* ,85, 845-857.

43. Guadagno, R. E., & Sagarin, B. J. 2010 Sex differences in jealousy: An evolutionary perspective on online infidelity. *Journal of Applied Social Psychology* ,40, 2636-2655.

44. Nevid, J. S. 1984 Sex differences in factors of romantic attraction. *Sex Roles* ,11, 401-411.

45. Meltzer, A. L, McNulty, J. K., Jackson, G. L., & Karney, B. R. 2014 Sex differences in the implications of partner physical attractiveness for the trajectory of marital satisfaction. *Journal of Personality and Social Psychology* ,106, 418-428.

46. Sewell,J. B.III., Bowen, P., & Lieberman, L. R. 1966 Projective study of college students' attitudes toward marriage. *Perceptual and Motor Skills* ,23, 418.

Chapter 4

47. Derlega, V. J., Lewis, R. J., Harrison, S., Winstead, B. A., & Costanza, R. 1989 Gender differences in the initiation and attribution of tactile intimacy. *Journal of Nonverbal Behavior* ,13, 83-96.

48. Trankina, M. L. 1993 Gender differences in attitudes toward science. *Psychological Reports* ,73, 123-130.

49. Furnham, A., & Schofield, S. 1987 Accepting personality test feedback: A review of the Barnum effect. *Current Psychological Research* ,6, 162-178.

50. Jonason, P. K. 2007 An evolutionary psychology perspective on sex differences in exercise behaviors and motivations. *Journal of Social Psychology* ,147, 5-14.

51. Dillon, K. M. 1988 Narcissism and embellishments of signature. *Psychological Reports* ,62, 152-154.

52. Anyan, W. R., & Quillian, W. W. 1971 The naming of primary colors by children. *Child Development* ,42, 1629-1632.

53. Blumenfeld, W. S., & Remmers, H. H. 1965 Research note on high school spectator sports preferences of high school students. *Perceptual and Motor Skills*, 20, 166.

54. Corah, N. L., & Boffa, J. 1970 Perceived control, self-observation, and response to aversive stimulation. *Journal of Personality and Social Psychology* ,16, 1-4.

55. Schmitt, D. P., Realo, A., Voracek, M., & Allik, J. 2008 Why can't a man be more like a women? Sex differences in Big Five personality traits across 55 cultures. *Journal of Personality and Social Psychology* ,94, 168-182.

56. Manheimer, D. I., & Mellinger, G. D. 1967 Personality characteristics of the child accident repeater. *Child Development* ,38, 491-513.

57. Battle, E. S., & Lacey, B. 1972 A context for hyperactivity in children over time. *Child Development* ,43, 757-773.

58. Martz, D. M., Petroff, A. B., Curtin, L., & Bazzini, D. G. 2009 Gender differences in fat talk among American adults: Results from the psychology of size survey. *Sex*

Roles ,61, 34-41.

59. Hoyt, W. D., & Kogan, L. R. 2001 Satisfaction with body image and peer relationships for males and females in a college environment. *Sex Roles* ,45, 199-215.

60. Bath, J. A. 1967 Answer-changing behavior on objective examinations. *Journal of Educational Research* ,61, 105-107.

61. Heirgartner, A., & Wetherell, C. K. 1982 Birth order, sex, and socio-political orientation in college students. *Psychological Reports* ,51, 891-896.

62. Roese, N. J., Pennington, G. L., Coleman, J., Janicki, M., Li, N. P., & Kenrick, D. T. 2006 Sex differences in regret: All for love or some for lust? *Personality and Social Psychology Bulletin* ,32, 770-780.

63. Schleicher, D. J., Van Iddekinge, C. H., Morgeson, F. P., & Campion, M. A. 2010 If at first you don't succeed, try, try again: Understanding race, age, and gender differences in retesting score improvement. *Journal of Applied Psychology* ,95, 603-617.

64. Bowers, K. S., & Van der Meulen, S. J. 1970 Effect of hypnotic susceptibility on creativity test performance. *Journal of Personality and Social Psychology* ,14, 247-256.

65. Carlson, R., & Levy, N. 1968 Brief method for assessing social-personal orientation. *Psychological Reports* ,23, 911-914.

HEART
心|視野　心視野系列 076

為什麼他老是聽不懂？為什麼她總是在生氣？

能聊也能撩，讓你主導關係的男女心理學
解決したがる男 共感がほしい女

作　　者　內藤誼人
譯　　者　姜柏如
總 編 輯　何玉美
責任編輯　洪尚鈴
封面設計　張天薪
內頁排版　JGD

出版發行　采實文化事業股份有限公司
行銷企劃　陳佩宜・黃于庭・馮羿勳・蔡雨庭・陳豫萱
業務發行　張世明・林踏欣・林坤蓉・王貞玉・張惠屏
國際版權　王俐雯・林冠妤
印務採購　曾玉霞
會計行政　王雅蕙・李韶婉・簡佩鈺
法律顧問　第一國際法律事務所　余淑杏律師
電子信箱　acme@acmebook.com.tw
采實官網　www.acmebook.com.tw
采實臉書　www.facebook.com/acmebook01

I S B N　978-986-507-274-2
定　　價　330 元
初版一刷　2021 年 3 月
劃撥帳號　50148859
劃撥戶名　采實文化事業股份有限公司
104 臺北市中山區南京東路二段 95 號 9 樓
電話：(02)2511-9798　傳真：(02)2571-3298

國家圖書館出版品預行編目資料

為什麼他老是聽不懂？為什麼她總是在生氣？能聊也能撩，讓你主導關係的男女心理學 / 內藤誼人著 ; 姜柏如譯 . -- 初版 . -- 臺北市 : 采實文化事業股份有限公司 , 2021.03；208 面 ; 14.8x21 公分 . -- (心視野系列 ; 76)
譯自 : 解決したがる男共感がほしい女
ISBN 978-986-507-274-2(平裝)

1. 成人心理學 2. 兩性關係

173.3　110000635